祇園祭

——その魅力のすべて

アリカ　新潮社／編

とんぼの本

新潮社

前祭の宵山、駒形提灯の灯りが浮かび上がる。四条通にて。

前祭・宵山の木賊山（とくさやま）町にて、そぞろ歩きを楽しむ。

燈

後祭の宵山。橋弁慶山の会所では、弁慶・牛若丸の御神体人形が闇に浮かぶ。

前祭の山鉾巡行、河原町御池の交差点にて船鉾の辻廻し。

前祭・山鉾巡行。先頭を行く長刀鉾。唯一、生稚児を乗せる。

上／欄縁に並んで腰掛ける菊水鉾の囃子方。
下／辻廻しで力いっぱい綱を引く鶏鉾の曳き手たち。

御池通を進む前祭の山や鉾。背面の懸装幕「見送」も見逃せない。

還幸祭、素戔嗚尊（すさのをのみこと）を乗せた中御座神輿が八坂神社に還ってきた。

舁き手の熱気が八坂神社境内に満ちる、神輿還御のクライマックス。

目次

後祭で辻廻しを行う南観音山。音頭取の掛け声に従い、息を合わせる。

はじめに

祇園祭――千百年以上の歴史を誇る、古都・京都の祭り。豪華絢爛な山鉾巡行はつとに知られ、二〇一四（平成二六）年から本来の形である前祭・後祭の二回に分けて開催されるようになり、ますます賑わいを増している。

祇園祭を構成する二本の柱は、八坂神社の神輿が市中を巡る神輿渡御を中心とした「神輿神事」と、町衆たちが主体となって町ごとの山や鉾を巡行させる「山鉾行事」だ。毎年七月、この二つをとりまく様々な祭礼行事が、実に一か月という長きにわたって毎日のように行われる。例えば、山鉾町で山や鉾が建てられる七月上旬、鴨川の上では神輿渡御に先立つ「神輿洗式」が行われる。山鉾の曳初めで賑わう頃、八坂神社では神の使いとされる「稚児」が詣でる「稚児社参」が。中旬、駒形提灯が灯り宵山風情で町が沸く頃、八坂神社では厳かに「宵宮祭」が執り行われる……。多岐にわたる神事・行事は地元・京都に住む人でも、すべてを把握していることはまずない。まして観光客なら、なおさら。しかしせっかく祇園祭を訪れるなら、なるべくその魅力の多くに触れたい。

そこで本書では、主な神事・行事の概要と神輿や山鉾の由緒・特色を紹介するほか、「美」の観点から各分野の見どころを専門家の解説とともに掲載している。さらに、職人をはじめ様々な職分で祭りを担う人々にも着目し、「祇園祭の美」がどのように形づくられているのかも探ってみた。

神輿や山鉾を飾る錺金具や染織品、木彫に漆工、絵画の数々、大火をくぐり抜けた御神体などに目を凝らしていると、都の祭りに誇りをもって腕を振るったであろう、京の匠たちの手の跡が見えてくる。

取材を通して私たちが改めて感じたのは、祇園祭は「古くて新しい祭り」だということだ。「伝統と革新」は、京都という都市の気質を語るうえで欠かせないキーワードだが、祇園祭にもまた、その精神が大いに注ぎ込まれているように思える。

往時には呉服商をはじめ富裕な商家が連なった町の人々は、神事の伝統を守りながら、祭りを盛り立てるため、山鉾の装飾に中国をはじめ遠く中東やインド・ヨーロッパの新奇な織物なども貪欲に取り込んできた。そうして受け継がれ、洗練されてきた町の宝を前に「うちが一番！」と語る場面に、私たちは多く出会った。奥ゆかしいとされる京都の人が、こと祇園祭においては、躊躇なくその矜持を露わにする。自らの審美眼を恃みとして町ごとの美を競い合ってきた歴史があるからこそ、世にも類稀な美しい祭りが続いてきたのだ。そして、この先何百年も継承されるにふさわしい新しい美の形を目指して、現在の町衆たちもまた、力を注いでいる。

知り始めると、さらに知りたくなるのが、祇園祭。その奥深さは果てしないが、本書を一つの手がかりとして、この魅惑の祭りに、何度でも足を運んでいただければと思う。

編者

祇園祭のルーツ

山鉾巡行と神輿渡御

古都の夏を華やかに彩る「祇園祭」は、京都市東山区の八坂神社の祭礼だ。七月一日から一か月にわたって、さまざまな神事・行事が執り行われるが、中でも十七日と二十四日に行われる山鉾巡行と神輿渡御で、祭りは最高潮の盛り上がりを見せる。

ユネスコ無形文化遺産「山・鉾・屋台行事」の代表一覧表に載る「京都祇園祭の山鉾行事」は、毎年数十万人が訪れる象徴的な行事。ヨーロッパから伝わった織物や、歴史に名を残す作家が手掛けた絵画・彫刻など、懸装品と呼ばれる古今東西の逸品が飾られた山と鉾が都大路を進む。前祭・後祭に分かれる二回の山鉾巡行は、ともに神輿の渡御に先立って行われ、都大路を清め祓う役割を担っている。

豪華絢爛な山鉾巡行の余韻がまだ残る夕刻、八坂神社の御祭神を乗せた三基の神輿が、山鉾によって清められた道を渡御する。八坂神社から御祭神が奉安される御旅所に向かう神幸祭、そして再び神社へと戻る還幸祭という二つの神輿渡御で氏子のいる市中をぐるりと巡る。この神輿の御渡りこそが、祇園祭の中核をなす神事なのだ。

八坂神社の神とは

八坂神社の主祭神は、『古事記』『日本書紀』に登場し、出雲で八岐大蛇を退治した神話でも知られる素戔嗚尊、妻の櫛稲田姫命、そしてその子どもたちである八柱御子神だ。七月十七日の神幸祭、二十四日の還幸祭で渡御を行う三基の神輿には、それぞれに神の分霊が乗るとされる。六角形の中御座神輿には素戔嗚尊、四角形の東御座神輿には櫛稲田姫命、八角形の西御座神輿には八柱御子神が遷される。

平安時代に起源を持つ祇園祭。一八六八（明治元）年に神仏判然令が発布される以前の八坂神社は、もともと感神院や祇園社と称されており、神仏習合の考えに則り、祇園精舎を守護していたとされる牛頭天王、その后である頗梨采女、それらの子である八王子が祀られていた。明治に牛頭天王は素戔嗚尊、頗梨采女は櫛稲田姫命、八王子は八柱御子神と読み替えられたが、現在も牛頭天王信仰は根強く、山や鉾を維持する各町内の会所の床の間には「牛頭天王」の神号軸が掛けられていることも多い。

神仏習合の姿を今に伝える祭り

祇園祭の神とは、以上の三神かといえば、そうとは言い切れない側面がある。そもそ

四条通に面した八坂神社の西楼門。神幸祭ではこの門の下で３基の神輿の差上げが行われる。

八坂神社の境内を馬に乗って進む久世稚児。胸には素戔嗚尊の荒御魂を表す駒形の彫刻が。

も八坂神社のルーツも一種の謎に包まれているのだ。創祀については諸説あるが、有力とされる一つが、八七六（貞観一八）年に南都の僧侶・円如が現在地に薬師堂を建てた際、この地域の鎮守であった牛頭天王が薬師如来とともに敷地内に祀られたという説だ。仏と神を一緒に祀る神仏習合の信仰は、明治以前の日本人にとっては当たり前の感覚だったと言える。

　また六基の鉾には、八坂神社の神の使いとされる稚児や稚児人形が乗る一方で、町内に祀られる鎮守の神や仏を勧請して乗せる山鉾がいくつも存在する。そして、行事のなかで僧侶の読経や山伏による祈禱を行う山もある。祇園祭は八坂神社の祭礼でありながら、このように、素戔嗚尊をはじめとする主祭神以外の神仏を崇める民俗信仰も連綿と続いているのだ。

　今も各町内の会所では、八坂神社の神と町ごとの御神体像や神仏が並んで祀られている。祇園祭を担う町衆にとってはどちらも信仰の対象であり、むしろさまざまな神や仏が共存することこそ伝統だ。祇園祭は八百万の神々に祈りを捧げる、日本らしい祭りの一つの究極の姿と言えるかもしれない。

各町内の会所では、祭りの期間中、牛頭天王の掛軸が祀られる。これは橋弁慶山のもの。

神の二つの魂が揃うとき

神道の考え方では、神の魂はいくつかの面を持ち、荒々しい側面の荒御魂と優しい側面の和御魂があるとされる。八坂神社には素戔嗚尊の和御魂が祀られて、一年に一度もう一方の荒御魂と出会うことで祇園祭が始まるという。その荒御魂は京都市南区の綾戸國中神社に祀られている。

　神輿渡御の際、素戔嗚尊が乗る中御座神輿の前を進むのが、綾戸國中神社の御神体である駒（子馬）の頭の彫刻を首から下げる久世稚児だ。この稚児は、素戔嗚尊の荒御魂そのものと考えられるため、たとえ皇族でも下馬するよう定められている八坂神社の境内を、騎乗したまま本殿に乗り付ける。また、神幸祭において久世稚児が到着しない場合は、神輿は八坂神社から一歩も動かしてはいけないという言い伝えもある。稚児の到着を待たずして渡御を行えば、都に疫病が流行し人々が苦しむという。

　久世稚児が中御座神輿を前導する神輿渡御は、素戔嗚尊の荒御魂と和御魂が揃い、古都の大路をゆく稀なる瞬間であり、祇園祭の真髄とも言うべき神事である。

祇園祭の一か月

7月17日と24日の山鉾巡行がつとに有名な祇園祭。じつは7月1日から31日の一か月にわたって、毎日のように様々な神事や行事が行われる祭りだ。八坂神社が中心となる神輿渡御などの神事や、町衆による山鉾行事（巡行は前祭が7月17日、後祭が7月24日）、石見神楽などの芸能奉納……。京都の町なかが祇園祭ムード一色となる7月。数ある中より、主な神事や行事を紹介する。

⛩……神輿神事を中心とする神事

🏮……山鉾巡行を中心とする行事

7月1日─18日
吉符入（きっぷいり） 🏮⛩

場所▼各山鉾町・神輿会ほか※非公開　神事始めの意味。各山鉾町では関係者が町会所（町内の寄り合い所）などに集まり、祭神を祀って祭りの無事を祈願するほか、各種打ち合わせを行う。また、神輿を担う神輿会でも同様に行われ、三若神輿会では「吉甫入り」と書く。

●吉符入　綾傘鉾では、町会所を兼ねる大原神社で八坂神社の神職を迎え、祭りの無事を祈願する。

1日
長刀鉾町御千度（なぎなたほこちょうおせんど） 🏮

時間▼10時　場所▼八坂神社

山鉾の一つ長刀鉾に乗る神の使いである稚児が、神前で稚児に選ばれた奉告を行い、祭礼の無事を祈願。補佐役の2人の禿と長刀鉾町役員らとともに昇殿参拝し、本殿の周りを3周する。

1日─9日
二階囃子（にかいばやし） 🏮

場所▼各山鉾町（鉾・曳山のみ）

吉符入が済んだ山鉾町では、その日の夜から町会所などで、祇園囃子の稽古を開始。町会所の2階で行うことが多いため、「二階囃子」と呼ばれている。

2日
くじ取り式 🏮

時間▼10時　場所▼京都市役所

山鉾巡行の順番をくじで決める行事。かつて先陣争いが絶えなかったため、一五〇〇年から始められた。全33基のうち、巡行順があらかじめ決まっている「くじ取らず」の9基を除く、24基の山鉾の順番が決められる。

●くじ取り式　各山鉾町の代表が京都市役所内の市会議場に集まり、市長立ち会いのもと、くじを引く。

●長刀鉾稚児舞披露　四条通に面する町会所で稚児が山鉾巡行時に鉾の上で舞う「太平の舞」を披露する。窓から身を乗り出すようにして3回行う。

5日

長刀鉾稚児舞披露

時間▼15時30分頃　場所▼長刀鉾町会所　長刀鉾町ではこの日が吉符入で、長刀鉾町会所で稚児と禿が初めて正式に町内の人々に紹介される。祭りの無事を祈願した後、町会所の2階で、稚児が舞を披露する。

7日

綾傘鉾稚児社参

時間▼14時30分　場所▼八坂神社　山鉾巡行の際に綾傘鉾を前導する稚児6人が祭りの無事を願い八坂神社へ参拝。

●綾傘鉾稚児社参　八坂神社参拝の前、境内の常磐殿にて、綾傘鉾保存会役員と契りの杯を交わす「結納の儀」。

●前祭 山鉾建て　釘を1本も使わず木組みと縄だけで部材を固定する、伝統技法によって組み立てられる様子は見もの。写真は放下鉾（ほうかほこ）。

10日―14日

前祭　山鉾建て

場所▼各山鉾町　前祭の巡行に参加する山や鉾の組み立てが始まる。完成までに3日かかるものも。この日の夜から、山鉾には駒形提灯が吊るされる。

10日

お迎え提灯

時間▼16時30分～21時　場所▼八坂神社→本能寺→八坂神社　17日の神輿渡御に向けて、この日の晩行われる「神輿洗式」の神輿を迎えるため、祇園万灯会による提灯行列が巡行する。子どもたちが扮する児武者や小町踊、鷺踊などの行列が続く。

10日

神輿洗式

時間▼20時～20時30分頃　場所▼八坂神社→四条大橋→八坂神社　3基の神輿のうち、素戔嗚尊を奉じる中御座神輿を八坂神社から四条大橋まで舁き、鴨川から汲み上げた御神水で清める。神輿洗式に先立ち、本殿での

●お迎え提灯　そろいの浴衣で傘の付いた提灯を掲げて進む、祇園万灯会の一行。

●神輿洗式　八坂神社から舁かれてきた中御座神輿は、四条大橋の上で御神水によって清められる。

「神輿洗奉告祭」や、神輿の通り道を清めるため大松明が往復する「道しらべの儀」が行われる。

10日
高橋町 社参
時間▼11時　場所▼八坂神社
斎竹を建てる高橋町の役員が神事の無事を祈り八坂神社に参拝する。斎竹は、四条通に注連縄を張るために建てられる青竹。

12日—13日
前祭
山鉾曳初め・山舁初め
場所▼各山鉾町　鉾や曳山の組み立てが完成した後、祇園囃子を奏でながら町内を試し曳きする。また山の舁初めも。老若男女問わず誰でも参加できる。

12日—16日
山鉾上でのお囃子
時間▼夕刻より　場所▼各山鉾町（鉾・曳山のみ）　曳初め後、山鉾巡行前日まで毎夕山鉾の上で各町の囃子方が祇園囃子を演奏。

13日
長刀鉾稚児社参
時間▼11時　場所▼八坂神社
生稚児である長刀鉾の稚児が八坂神社へ参拝し、本殿でお祓いを受ける。十万石の大名、正五位少将と同じ供揃えを整えることができるとされ、「お位もらい」と呼ばれる。この日を境に稚児は神の使いとなり、地面を踏まぬよう、強力に抱えられて移動する。

13日
久世稚児社参
時間▼14時　場所▼八坂神社
京都市南区久世にある綾戸國中神社の稚児2人が、白馬に乗って参拝し、祭りの無事を祈願。2人のうち年少の稚児が17日の神幸祭、年長の稚児が24日の還幸祭で神輿の前導役を務める。

14日—16日
前祭 屏風祭
時間▼開催場所により期間・時間は異なる　場所▼各山鉾町
前祭・山鉾巡行の前の宵山期間中、各山鉾町の旧家や老舗などで、秘蔵の屏風や書画などの美術品を一般に公開。

14日—16日
前祭 宵山
時間▼夕刻より　場所▼各山鉾町　駒形提灯の明かりが灯る山鉾が通りに並ぶ。各町会所では山鉾に付ける懸装品などを飾り付けて、護符や粽を授与する。15日・16日は18時頃から四条通・烏丸通の一部が歩行者天国に。

15日
宵宮祭
時間▼20時　場所▼八坂神社
境内の照明がすべて消され、和琴が奏でられる漆黒の闇の中、10日の神輿洗式から舞殿に据えられる神輿3基に、御神霊が遷される。

16日
石見神楽
時間▼18時30分　場所▼八坂神社　島根県西部の石見地方に伝わる伝統芸能が境内の能舞台で奉納される。八坂神社の祭神・

●後祭 宵山　祇園囃子が響く中、提灯を灯した山鉾が立ち並ぶ。写真は北観音山。

●前祭 山鉾巡行　絢爛豪華な山鉾23基が、河原町通や御池通など京のメインストリートをゆく。

素戔嗚尊が大蛇を退治するダイナミックな演目は必見。

16日
前祭 日和神楽
時間▼23時　場所▼各山鉾町→四条御旅所　山鉾巡行の晴天を祈願し、前祭に参加する各山鉾町の囃子方が各町内から四条寺町にある御旅所（神幸祭のあと神輿が奉安される場所）まで、鉦や太鼓を鳴らしながら屋台車を曳いて往復。長刀鉾のみ八坂神社に参拝する。

17日
前祭 山鉾巡行
時間▼9時　場所▼四条烏丸→四条河原町→河原町御池→新町御池　長刀鉾を先頭に23基の山鉾が、祇園囃子を奏でながら都大路を巡行する。中でも四条河原町・河原町御池・新町御池の交差点では、敷き詰めた青竹の上で山鉾の向きを変える「辻廻し」が行われ、迫力満点。

17日
神幸祭・神輿渡御
時間▼神幸祭16時、神輿渡御18時　場所▼八坂神社→四条御旅所　本殿での神事の後、久世稚児を先頭に、3基の神輿と1基の子ども神輿が氏子地域を巡る。神輿は21～22時頃四条御旅所に到着し、24日の還幸祭まで奉安される。

●神幸祭・神輿渡御　八坂神社境内や祇園石段下、御旅所などでは、神輿を高く上げたり回す「差上げ」「差回し」が行われ、熱気と歓声に包まれる。

18日―21日
後祭 山鉾建て
場所▼各山鉾町

20日―21日
後祭
山鉾曳初め・山舁初め
場所▼各山鉾町

21日―23日
後祭 宵山
時間▼夕刻より　場所▼各山鉾町　後祭の10基の山鉾が提灯の明かりを灯し、通りに並ぶ。四条通・烏丸通の歩行者天国はないが、前祭に比べ落ち着いた人波で、ゆっくりと楽しめる。

21日―23日
山鉾上でのお囃子
時間▼夕刻より　場所▼各山鉾

●後祭 山鉾建て　写真は大船鉾（おおふねほこ）の鉾建て。

●後祭 山鉾曳初め・山舁初め　新町通で曳初めを行う大船鉾。祇園囃子が奏でられる中、豪華な懸装品に彩られた鉾が曳かれる光景は本番さながら。

町（鉾・曳山のみ）

21日―23日

後祭 屏風祭

時間▼開催場所により期間・時間は異なる　場所▼各山鉾町

23日

後祭 日和神楽

時間▼22時　場所▼各山鉾町↓四条御旅所

24日

後祭 山鉾巡行

時間▼9時30分　場所▼烏丸御池↓河原町御池↓四条河原町↓四条烏丸　橋弁慶山を先頭に、後祭の山鉾10基が都大路を巡行する。巡行路は前祭の逆回りで、烏丸御池を出発し、四条烏丸まで右回りに巡る。

●後祭 屏風祭　京町家の夏のしつらいと合わせて鑑賞できる貴重な機会。写真は藤井紋。

24日

花傘巡行

時間▼10時　場所▼祇園石段下↓京都市役所前↓八坂神社　1966（昭和41）年に後祭の山鉾巡行が前祭の日に統合され合同巡行が開始。後祭を伝承するために始まった行事だが、2014（平成26）年に後祭復興後も継続。傘鉾や獅子舞、鷺踊など、総勢約1000人の行列が祇園石段下を出発し、御池寺町で後祭山鉾巡行に続き、八坂神社へ戻る。境内では獅子舞などの芸能を奉納。

●花傘巡行　花で飾られた傘鉾は、山鉾の古い形態を再現したもの。

24日

還幸祭・神輿渡御

時間▼17時　場所▼四条御旅所↓八坂神社　17日の神幸祭から四条御旅所に奉安されていた3基の神輿が、氏子地域を巡行し、八坂神社へ還る。17時頃に四条御旅所を出発し、21時～23時頃、八坂神社に還幸する。

28日

神輿洗式

時間▼20時～20時30分頃　場所▼八坂神社↓四条大橋↓八坂神社　10日の神輿洗式と同様、3基のうち中御座神輿を八坂神社から四条大橋まで舁き、御神水で清める。八坂神社へ還った後、神輿は境内の蔵に納められる。

●還幸祭・神輿渡御　八坂神社に還幸した神輿は、舞殿を3周し、祭り最後の「差上げ」をした後、舞殿に上げられる。

29日

神事済奉告祭

時間▼16時　場所▼八坂神社　祇園祭が終了したことを神前に奉告し、感謝する神事。

31日

疫神社夏越祭

時間▼10時　場所▼疫神社（八坂神社内）　神職や祭事関係者が、八坂神社境内の疫神社で祭神の蘇民将来に祭りの終了を奉告。鳥居に付けられた約2メートルの茅の輪をくぐり、無病息災を祈願する。神事後は一般の参拝者もくぐることができる。

●疫神社夏越祭　参拝者は茅の輪をくぐって厄気を払い、無病息災を祈る。

数知れぬ人が支える未曾有の祭り

約千百五十年もの間、京都で連綿と受け継がれてきた祇園祭。室町期以降、町ごとに特色ある山鉾が誕生するなど、時代が下るにつれ規模が拡大。大勢の人が関わるようになったことで、祭りの運営についてはおそらく日本でも最大級の組織化と分業化が進んでいる。

前祭・後祭合わせて三十三基の山鉾は各町内の保存会が管理しているが、山鉾の組み立てから巡行、解体までは、多くの町外の専門職やボランティアの力を借りながら運営がなされている。まず数十から数百もの部品からなる山や鉾を組み立てるのは「作事方」と呼ばれる職人集団だ。その中でも人員は作業によって細分化されており、山や鉾の骨となる櫓を荒縄で組み、鉾では真木を立てる「手伝方」、床や柱、屋根などを組み立てる「大工方」、鉾や曳山で車輪を取り付ける「車方」など、それぞれ十名ほどがその任を務める。

巡行時は山鉾町ごとに、二十〜六十名程度の保存会の役員が裃を着て山鉾の前を歩く。そして、二名の手伝方が鉾や曳山の前方に乗って進行の音頭を取り、四名の大工方は屋根の上で真木の動きや巡行の妨げとなる電線などを調整、十名前後の車方が山鉾に随行し辻廻しを行う。山や鉾の上で祇園囃子を奏でるのは、約二十〜八十名の「囃子方」と呼ばれる演奏専門のグループ。そして、巡行時に鉾を曳き、山を舁くのは、約二十〜五十名の曳方・舁方だ。現在ボランティアを招いている町内が多く、特定の大学の学生が当たることもあれば、ボランティア団体から派遣されるメンバーも。粽の授与や御神体人形の着付なども含め、山鉾行事全体で約五千名以上が携わることになる。

山鉾巡行後の神輿渡御は、八坂神社の氏子が中心となって奉仕しており、その中核を成すのが「清々講社」と三つの神輿会だ。清々講社とは、明治期に国の認可を受けて結成された、氏子地域全体をまとめる組織。地域ごとに氏子からの浄財を集め、神輿渡御のほか、山鉾巡行や花傘巡行などに協賛している。また、渡御において神輿を前導し御神宝を奉持するのは、清々講社の筆頭格である「宮本組」。八坂神社のお膝元である地域の約七十名からなる組織で、御神宝の管理や修繕などにも当る。祭神を乗せる三基の神輿を担うのは、それぞれ五百〜六百名ほどの舁き手を束ねる「三若神輿会」「四若神輿会」「錦神輿会」。神幸祭・還幸祭の二回の渡御において、雄々しく神輿を舁きながら氏子地域を回る。

山鉾巡行と神輿渡御を合わせ、およそ一万人以上もの人々が奉仕・参加する祇園祭。立場も職種も異なる人々の力が結集し、豪華絢爛で勇壮な光景を支えている。

祇園祭を支える人々

[神事・神輿渡御]

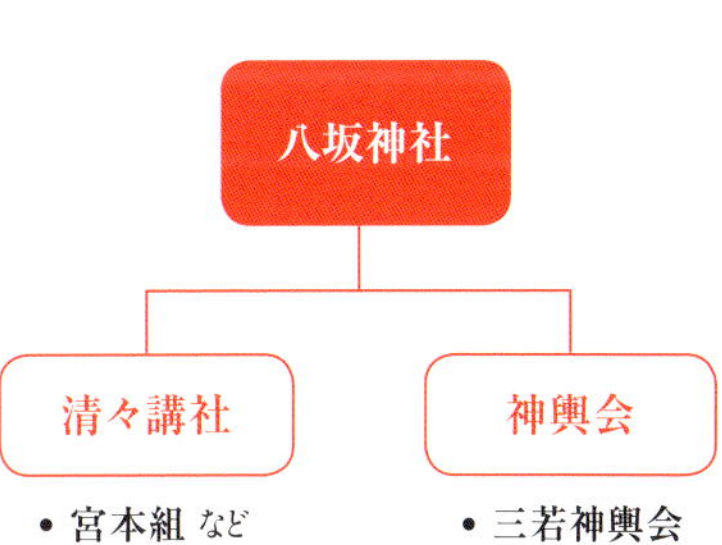

[山鉾巡行]

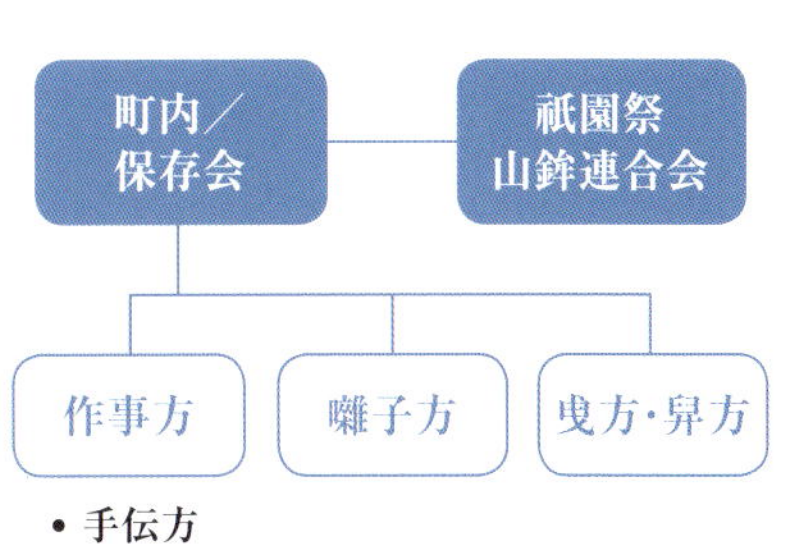

歴史を知る

千百有余年つづく〝神人和楽〟の祭り

祇園祭は、平安時代の八六九（貞観一一）年に勅命により行われた祇園御霊会が起源とされる。当時の国の数と同じ六十六本の矛を立て、内裏南の禁苑・神泉苑に神輿を送って祀り、疫病退散を祈願したという。

現代の祇園祭において、神輿が渡御する神幸祭と還幸祭は二日に分けて行われるが、これは平安期から変わらない。旧暦六月七日（新暦七月十七日）の神幸祭で神輿に乗り洛中に渡った神は御旅所に鎮座。七日後の六月十四日（七月二十四日）の還幸祭には、氏子地域を巡り八坂神社に還って行く。人々の生活圏を訪れる神は歓迎され、神輿には田楽や猿楽、獅子舞、馬長といった神賑わいの行列が付き従った。そこには、神を喜ばせるとともに、自らも大いに楽しむ〝神人和楽〟の精神が息づく。山鉾風流も大きくはこの流れの一つと言えよう。

「風流」とは趣向を凝らした作り物のことで、祭礼の山鉾や囃子、踊り、衣裳などを総称する。古来、祭具である矛（鉾）も、松を立てた山型の作り物も、神が降臨する依り代であった。祇園祭の山鉾は、それらが巨大化し、装飾性を増した姿だと考えられる。現在見られるような山鉾が史料に現れるのは室町期。下京の鉾や作山などと呼ばれていた。貴族の日記などにも登場し、見物客を集めるほど人気を博していたことが分かる。

約千百五十年ほどの長い歴史を持つ祇園祭。

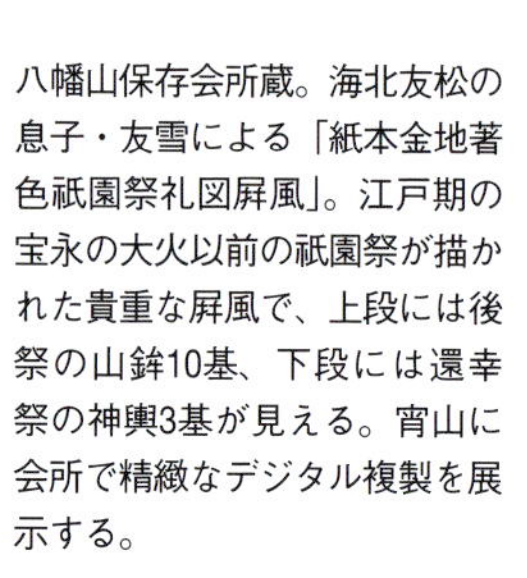

八幡山保存会所蔵。海北友松の息子・友雪による「紙本金地著色祇園祭礼図屏風」。江戸期の宝永の大火以前の祇園祭が描かれた貴重な屏風で、上段には後祭の山鉾10基、下段には還幸祭の神輿3基が見える。宵山に会所で精緻なデジタル複製を展示する。

途中、大火や戦乱で幾度も中断を余儀なくされたが、そのたび蘇ってきた。中でも一番大きな危機だったのは室町末期からの応仁の乱だ。十一年にわたったこの戦は、山鉾にも甚大な被害を与えた。応仁の乱以前に六十基あった山鉾は、新たな山鉾も加え三十六基が巡行するまでに、三十年以上の年月を要している。

現在、祇園祭で見られる山鉾の姿は、この応仁の乱後に整えられたものと言っていい。それまで朝廷や幕府が権威を示すための祭りとしての性格が強かった祇園祭は、応仁の乱後、次第に町衆主導の祭りの様相を呈してゆく。江戸期の宝永・天明の大火、そして幕末の蛤御門の変に端を発する元治の大火を乗り越えつつ、裕福な商人として栄えた山鉾町の人々は、本業である染織業の知識と美的センスを生かし、町々が互いに競い合って山鉾を豪華に飾り立てていった。

山鉾は、年に一度、八坂神社の祭神が氏子地域に渡御する際、その道筋を祓い清める役割を持つ。約五十年にわたり合同巡行となっていた山鉾巡行が、二〇一四（平成二六）年から神輿渡御に先んじて行う前祭と、神輿還御に先んじて行う後祭に分けられ、祭り本来の姿に戻った。同年、元治の大火以来、百五十年間途絶えていた大船鉾が巡行に復帰。また現在、鷹山が二〇二六年までの巡行復帰を目指して動いている。

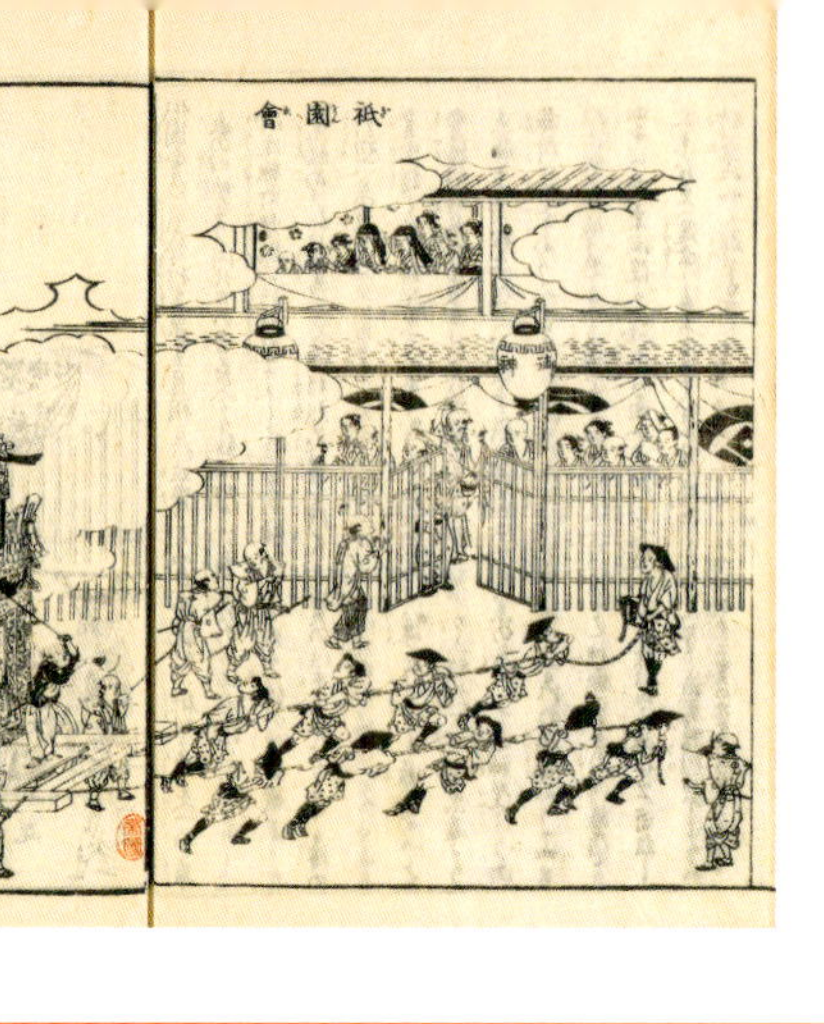

祇園祭の歴史年表

※伝承や後年編纂された史料にもとづく記述も含まれるため、年代は正確ではない場合あり

平安	八六九（貞観一一）年	疫病を鎮めるため、六月七日に六十六本の矛を立て、六月十四日に神輿を神泉苑に送った。これを祇園御霊会（祇園会）と呼び、以降毎年恒例とした。※諸説あるが、通説ではこれが祇園祭の創始とされる
	九七四（天延二）年	神託により高辻東洞院の秦助正の居宅が御旅所（大政所御旅所）となり、祇園会の際に神輿が数日洛中に留まる形式が成立したとされる。以降秦家は神職となり、祇園会を取り仕切る役割を担う。
	九九八（長徳四）年	祇園会で雑芸者無骨が大嘗会の標山（山型の作り物に装飾を施したもの）に似せた柱を渡そうとし、取り締まられる。
	一〇一三（長和二）年	神輿のあとに、散楽空車（雑芸を行う芸人を乗せた屋根のない屋台車）が出される。
	一〇九六（嘉保三／永長元）年	神輿にも付随する田楽（笛や太鼓を鳴らしながら踊る芸能）が京都で大流行。「永長の大田楽」と呼ばれる。
	一一一七（永久五）年	院宣により、公卿らが調達した馬長（着飾った騎馬の小舎人童など）が祇園会の行列に参加。
	一一三六（保延二）年	冷泉東洞院付近の敷地が祇園社に寄付され、少将井御旅所となる。祇園会の際、頗梨采女の神輿が駐輦した。
	一一五七（保元二）年	神事の費用を負担する馬上役を設け、洛中の富家に担わせる。
鎌倉	一二二五（嘉禄元）年	祇園社に、長刀鉾の起源と言われる長刀が寄進される。
	一三二三（元亨三）年	祇園会に際し、花園院の御所に鉾衆が群参。
室町	一三四五（康永四）年	雨のため、一日遅れて六月八日に山や作山が渡ると記録があり、これが史料における「山」の初出と考えられる。
	一三六四（貞治三）年	七日の神輿迎えに久世舞車（水干などを着た女性が舞う屋台）が出たが、作山風流などはなく、定鉾（しずめほこ）のみと記録が残り、毎回山が出ていた訳ではないことも分かる。定鉾は、大山崎の神人（祭りなどで神社に奉仕する代わりに特権を得ていた人々）が出していた鉾。
	一三七六（永和二）年	七日に下京の鉾や造物の山が例年通り渡ると記録があり、現在に続く鉾や山が定常化していたことが窺われる。
	一四六七（応仁元）年	一四七七（文明九）年まで続いた応仁の乱が勃発。以後三十年以上祇園会が中止。
戦国	一五〇〇（明応九）年	祇園会が復興し、三十六基の山鉾が巡行。順番を決めるくじ取りが初めて行われた。
	一五三三（天文二）年	法華一揆により神輿渡御などが中止されるも、「神事これなくとも山鉾渡したし」と下京六十六町の申し出により、山鉾巡行が行われる。
安土・桃山	一五九一（天正一九）年	豊臣秀吉が洛中の地子銭を免除し、商業の発展を推進。また大政所御旅所と少将井御旅所の二箇所あった御旅所を、四条京極（四条寺町）の一箇所に移設。この頃、祇園会の寄町制度（山鉾を出す町を経済的・人員的に支える協賛町の仕組み）が成立。

右頁／国立国会図書館デジタルコレクションより「都名所図会」。天明の大火の2年前、1786（天明6）年に再版（初版は1780年）された江戸期の書物で、長刀鉾が描かれる。鉾の破風先に飾られた「出し花」は、のちに彫刻へと変化していく。町家の前には人波を防ぐための柵が設けられている。左／1908（明治41）年の四条東洞院付近で、黒川翠山撮影。周りに高い建物はなく、山鉾が二階建ての町家の屋根を越えてそびえる。写真は鶏鉾。京都府立京都学・歴彩館 京の記憶アーカイブより。

江戸

一七〇八（宝永五）年　宝永の大火により、主に四条通以北の後祭の山鉾が罹災。

一七三五（享保二〇）年　祇園町・富永町の芸妓による練り物（仮装行列）が人気を集める。

一七五七（宝暦七）年　この年に刊行された『祇園御霊会細記』に、鉾は提灯を灯してお囃子を奏で、山は人形宝物を飾って人々に見せたと記載があり、この頃までに宵山が行われていたことが分かる。

一七八八（天明八）年　天明の大火により多くの山鉾が罹災。巡行は前祭七基・後祭六基で、山と傘鉾のみ。以降、約二十年ほどかけて函谷鉾を除く山鉾が復興した。

一八二六（文政九）年　巡行中の大雨により鷹山の懸装品が濡れ、この年を限りに巡行不参加に。

一八三九（天保一〇）年　五十一年ぶりに函谷鉾が復興。鉾で初めて稚児に代わって稚児人形を乗せる。

一八六四（元治元）年　幕末の蛤御門の変の大火（元治の大火・どんどん焼け）により多くの山鉾が罹災。翌年は、前祭の巡行がなく、後祭は復興した橋弁慶山と役行者山、唐櫃のみで鈴鹿山が巡行。順次復興していくも、菊水鉾は約九十年、大船鉾は百五十年かかる。

明治

一八六八（明治元）年　神仏判然令（神仏分離令）により、祇園社（祇園感神院）の名称は八坂神社に、祭神も牛頭天王・頗梨采女・八王子から素戔嗚尊・櫛稲田姫命・八柱御子神に改められた。

一八七二（明治五）年　神人・寄町などの制度が廃止。清々講社（募金組織）が発足。

一八七三（明治六）年　太陽暦の採用により、祇園祭が七月十一日と十八日に変更されたが、一八八八年に固定化するまで、たびたび変更になる。

一八八八（明治二一）年　祇園祭が七月十七日と二十四日に改められる。

大正

一九一九（大正八）年　初めて、放下鉾が駒形提灯を電灯で点灯。

昭和

一九四三（昭和一八）年　太平洋戦争のため、以後四年間山鉾の巡行が中止。

一九四四（昭和一九）年　太平洋戦争のため、以後三年間神輿渡御が中止。

一九四七（昭和二二）年　宵山・神輿渡御が復活。以降三年間は一部の山鉾が十七日のみ巡行。この年は、長刀鉾と月鉾が建てられ、長刀鉾のみ四条寺町まで巡行した。

一九五〇（昭和二五）年　二十四日の後祭の巡行が復活。前祭九基・後祭七基が巡行。

一九五二（昭和二七）年　戦前同様、全山鉾二十九基が巡行。菊水鉾は屋根や見送のない仮鉾の姿。

一九五三（昭和二八）年　菊水鉾が総素木の姿で再興。

一九六二（昭和三七）年　二十九基の「祇園祭山鉾」が国の重要民俗資料（のちに重要有形民俗文化財）に指定。

一九六六（昭和四一）年　二十四日の後祭が十七日の前祭に統合。二十四日に花傘巡行が始まる。

一九七九（昭和五四）年　「京都祇園祭の山鉾行事」が国の重要無形民俗文化財に指定。綾傘鉾が再興。

一九八一（昭和五六）年　蟷螂山が再興。

一九八五（昭和六〇）年　四条傘鉾が居祭として宵山に復活。

一九八八（昭和六三）年　四条傘鉾が巡行に復帰。

平成

二〇〇九（平成二一）年　「京都祇園祭の山鉾行事」がユネスコ無形文化遺産に登録。

二〇一四（平成二六）年　七月二十四日に後祭が復活。大船鉾が巡行に復帰。

二〇一六（平成二八）年　祇園祭を含む全国三十三件の「山・鉾・屋台行事」がユネスコ無形文化遺産に登録。

祇園祭は「アート」の宝庫だ

洋の東西を問わず、珍奇で美しいものがこぞって集められてきた祇園祭。都を代表する仏師・絵師をはじめとする数多（あまた）の職人や作家がその技量を惜しみなく注ぎ込み、神輿や山鉾、神の使いを吉祥文様で華やかに彩ってきた。人々をあっと驚かせる技巧や仕掛け、時代ごとの芸術性豊かな表現も試みられた祇園祭は、まさに「美の宝庫」と呼ぶにふさわしい。それぞれの分野の達人を水先案内人に、そのアートの旅に出かけてみよう。

山鉾装飾のうち最も広い面積で目を引く懸装幕。精緻な織りや繡いで鶴、鳳凰、獅子、麒麟などの吉祥柄が表される。上は函谷鉾、35頁上から時計回りに黒主山、長刀鉾、郭巨山、鶏鉾（2点）の幕より。

7月10日の神輿洗式のあと、八坂神社舞殿に奉安された神輿。本殿に向かって左に西御座神輿、中央に中御座神輿、右手には東御座神輿が配される。このとき、神輿錺はすべて正式なものを付けた「正装」（17日と24日の神輿渡御・還御では重さを軽減するため隅瓔珞は軽めのものに替え、平瓔珞は木地の保護のため外される）。

神輿

金色に輝く神の乗り物

祇園祭の神輿は、壮麗だ。中御座神輿、東御座神輿、西御座神輿の三基には、それぞれ素戔嗚尊、妻の櫛稲田姫命、その子どもたちの八柱御子神が乗るとされる。屋根から胴と四隅まで数々の錺金具に覆われ、木地を見せない「総包み」の姿。かすかに覗く錦の戸帳と巻立の朱が、気品ある華やぎを添える。

「八坂さんの紐の色は、昔から錆朱と決まっています。黒錆を少し混ぜて染めるとはんなりした色になるんです」と、神祇工芸類用房紐を生業とし、祇園祭においては神輿の房紐の飾り付けを代々行う黒川藤造商店の黒川佳久さんは言う。

七月十七日の神幸祭を前に神輿は十日、八坂神社の蔵から一年ぶりに担ぎ出される。夕刻から始まる神輿洗式では、中御座神輿はまだ飾りを付けない「裸」の姿で鴨川に架かる四条大橋へ。御神水で清められると再び神社へと運び込まれる。舞殿に鎮座した神輿は、瓔珞や房紐などの神輿錺をすみやかにまとい、

中御座神輿の平瓔珞の上部に付けられた錺金具。青龍（右上）・白虎（右中）・玄武（右下）・朱雀（左上）の四神と麒麟（左中）などの神獣が厚い肉彫で表されている。

右上／中御座神輿。鳥居の柱に厚い肉彫の龍。その下には青海波の透彫も。 右下／蕨手の先端には小鳥が。下部から繊細な透彫の錺金具が連なる隅瓔珞が下がる。左上／東御座神輿の屋根。先端には宝珠、屋根には八坂神社の神紋である左三巴紋と木瓜紋の打出彫が。地は魚々子打（ななこうち）。 左下／八坂神社の神紋二種が透彫で連なる平瓔珞。

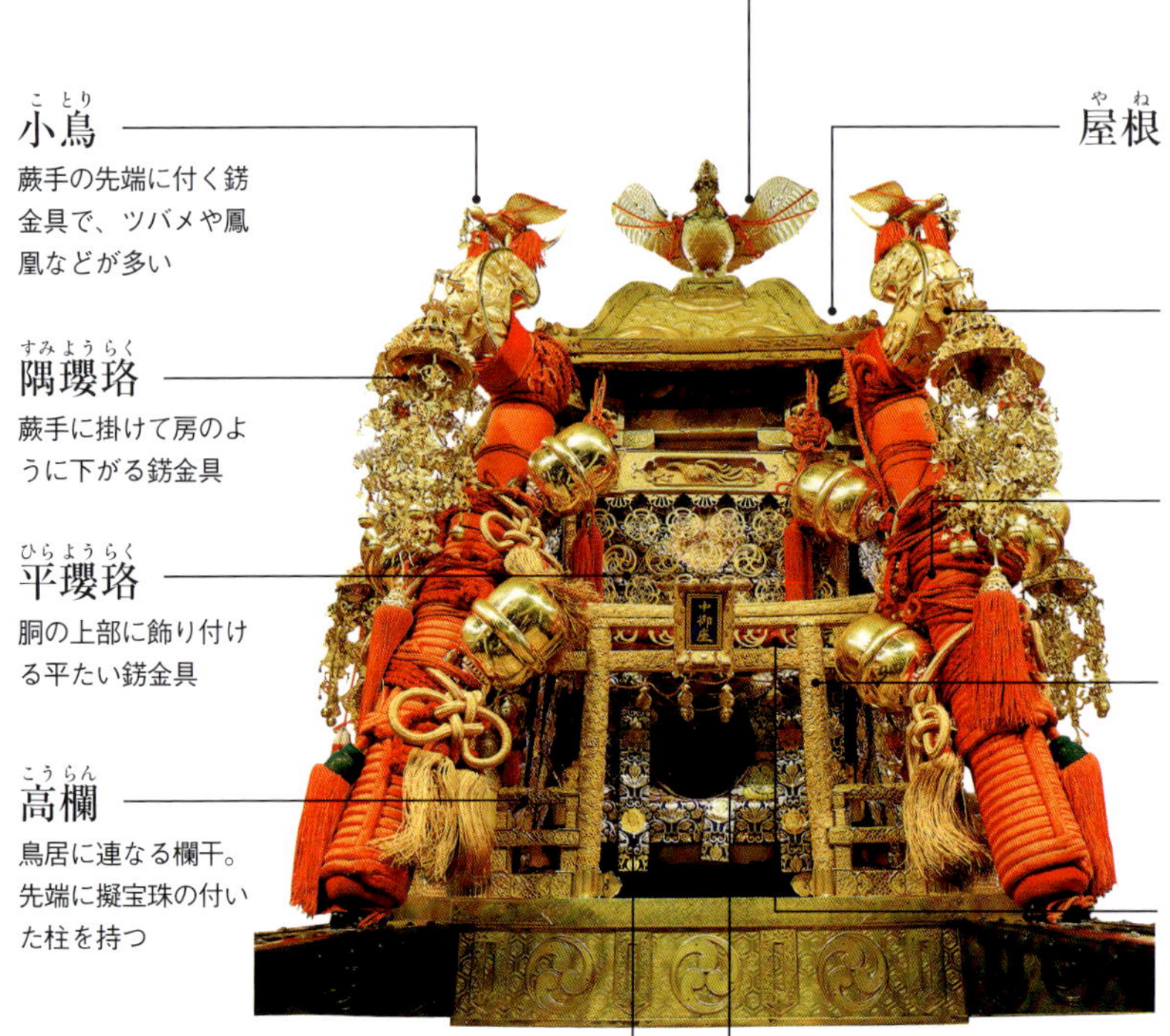

渡御の日を待つ。

　都を彩る祇園祭の様子は幾度となく絵図になってきた。桃山期や江戸時代の屏風絵などには今と同様に三基の神輿が描かれる。絵図によって胴回りの平瓔珞がなかったり、鳥居と欄干が朱塗りだったりと、今日とは少し意匠が異なり、何度かつくり替えられたことが偲ばれる。十六世紀の洛中洛外図（上杉本）などでは六角屋根の頂きに鳳凰、八角屋根に鳳凰、四角屋根に宝珠と、今日の中御座、西御座、東御座の神輿と同じ特徴が認められる。

　現在の神輿がいつ製作されたのか正確には分からないが、一九九九（平成一一）年の中御座神輿の修理の際に確認された最古の部品は、一七九七（寛政九）年のものだった。ただ神輿の周りに下げる神鏡には「承応三年」（一六五四）の銘も。本体より古い錺金具が受け継がれ、数百年にわたって使われ続けてきたと推測できる。

　金色に輝く部分の地金は銅、その上に鍍金され、打出彫・透彫などの精緻な彫金が施されている。錺金具だけで数百キロにもなる。

　神輿の飾り付けを三代続けて担い、平成の神輿大修理も手掛けた森本安之助さんは、この壮麗な姿について「御神輿を飾り立てるのは、神様への敬意の表れ。『神様に一番ええものを』という思いからでしょうね」と語る。往時と変わらぬ技法で丁寧に補修され磨き上げられた金は、祭りのたび、燦然と光を放つ。

column 2 祭を担う

神輿を蘇らせ次代につなぐ ——錺師（かざりし）

祇園祭の神輿は一九九八（平成一〇）年から三年をかけ、六十七年ぶりとなる大改修を行った。その大仕事を成し遂げたのは、一八七七（明治一〇）年創業の森本錺金具製作所。京都市下京区に工房を構え、伊勢神宮をはじめ全国の有名社寺の錺金具の製作・保存修理を担ってきた「錺師」である。四代目当主の森本安之助さんは現在、文化庁選定保存技術保持者として活躍するが、先代とともに平成の大改修を手掛けた当時は三〇代。錺師となっておよそ十年の身で、何百という部位に分解された錺金具を前に、最初は身ぶるいしたという。「錆や汚れを取ると精緻な彫りが際だって、すごいものばかり。傷めたらどうしようと触るのも恐ろしかったのですが、あるとき『えいっ』と思い切りました。『万一壊れても、直したらええんや』と」。錺師の世界では古来の技法が継承されているため、現物が目の前にあればその通りに修復することは難しくないという。ただ「厚い板金から打ち出した肉彫なども多く、時間と手間はかなりかかります。当時の錺師は、それだけ思いをもって仕事にあたり、氏子の人々も相当の財を投じただろうと思います」

洗い終えた金具はまずゆがみを直し、欠けを補ってから、もう一度洗いにかけ、「本銷（ほんけし）」で鍍金を施す。「本銷は金箔が生まれる前の技法で、東大寺の大仏にも使われています」。水銀で溶かした金を金具に塗り、炭であぶりながら水銀を蒸発させる。金が細かな溝に滑り落ちて文様をつぶさぬよう、ブラシですばやく塗り伸ばしていく。高い技巧を要し、一瞬たりとも気が抜けない作業だ。下地の銅と一体となり合金状になった金は丈夫なうえ、表面に薄い層を形成するだけの電気メッキでは決して出せない、少し青みを帯びた重厚な輝きを放つ。

途方もない作業を続けて年に一基ずつ（東御座神輿は子ども神輿も含めて二基）修理し、神輿は三年がかりで往時の輝きを取り戻した。祇園祭の錺師の仕事もまた、何百年の時を越え、後世に遺されていく。

7月10日、神輿洗式を終えた中御座神輿に、慣れた手つきで次々と神輿錺を付けていく森本さん。八坂神社の舞殿にて。

四条御旅所に鎮座する3基の神輿。「御神輿を拝む人が祇園祭では多くいる。町の人に大切にされているなあと思います」と森本さん。

神輿を舁く
——三若神輿会

輿丁は、「蘇民将来子孫也」と書かれた護符を榊につけた「おひねり」を鉢巻きに挿して渡御に参加する。法被の背には、三若神輿会を表す「うろこ紋」が。

雅やかな山鉾巡行とは一転し、男たちが激しく力強く神を奉る神輿渡御の勇壮さは、千百年以上続く祇園祭のもう一つの顔だ。都大路・小路を進む三基の神輿のうち、中御座神輿を舁くのが〝三若〟こと「三若神輿会」。三つの神輿会のうち最も古い歴史を誇る。江戸時代元禄期（一六九〇年頃）より続く会の歴史から、輿丁と呼ばれる舁き手の心意気まで、祇園祭の神髄を担う男たちの活動を取材した。

輿丁の熱気に包まれる神輿の差上げ

七月十七日の神幸祭、二十四日の還幸祭の二回にわたって行われる神輿渡御。中御座神輿は、それぞれ約七キロ、約十一キロの道のりを進む。数時間にもおよぶ渡御について、「見どころは何と言っても、神輿を高く持ち上げる〝差上げ〟です。神幸祭の始まりを告げる八坂神社の石段下、そして還幸祭の最後に行われる境内での差上げをぜひ見ていただきたい」と語るのは、三若神輿会幹事長を務める吉川忠男さんだ。

差上げでは、素戔嗚尊を乗せた黄金の神輿が「ホイット、ホイット」という威勢の良い掛け声とともに、法被姿の男たちの手で激しく上下に揺さぶられる。山鉾巡行の余韻が残る夕暮れ、八坂神社の石段下で神輿は二度三度と天に向かって大きく差し上げられる。そして、京都特有の厳しい暑さの中、およそ七百人の輿丁は流れ出る汗をぬぐうこともせず、山鉾によって清められた道を一歩一歩、ひたむきに神輿を舁く。渡御の最中、沿道では神輿に手を合わせる老人や子ども、法被の肩部を鮮血で濡らした輿丁に冷たい飲み物や果物を捧げる人たちの姿も見られる。

夕刻から始まった渡御が終わるのは、午後十一時近く。最後を飾る八坂神社舞殿前での神輿の差上げで、渡御は最高潮の盛り上がりを見せる。境内を埋め尽くす輿丁の熱気で湯気が立ち上るほどだ。

かつては三基の神輿を舁いた三若

渡御は中御座、東御座、西御座の三基の神輿で行われ、それぞれを三若神輿会、四若神輿会、錦神輿会と異なる神輿会が奉仕しているが、明治初期まではすべて三若神輿会の前身となる三条台若中がとりまとめていたという。神泉苑の南端、かつて神輿三基を奉安した斎場、現在の又旅社が建つ三条大宮一帯の三条台村の人々にその役が任されていた。三条台若中は地主や材木商などからなる旦那衆の寄合で、神輿を舁くのは主に土地の農民や材木運搬者などだったという。ちなみに中世から江戸末期までは、大阪・今宮の蛤売りの商人たちが神輿を舁いていたと伝わる。

一九三〇（昭和五）年には維持運営を担当する「祇神会」と神輿を舁く「三若神輿会」を編成。「現在約七百人の輿丁は、下部組織である〝三若みこし会〟という十のグループに分かれて所属しています。三若神輿会はそれらの統括指揮を務めています」と三若神輿会会長の近藤浩史さんは語る。

二トンを約六十人で支える輿丁

神輿は八坂神社が所有しているが、神輿を舁くための轅と呼ばれる神輿の前後を受け持つ棒や横棒は神輿会で管理している。長さ十・五メートル、重さ百五十キロの轅二本と一本五十キロの横棒を井桁に組んで神輿を舁

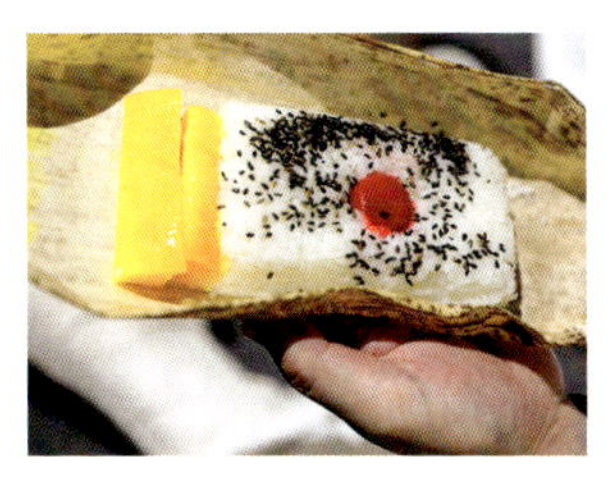

右／7月17日、八坂神社の神霊が遷された神輿を四条寺町の御旅所に迎える神幸祭。〝祝人〟に由来するという掛け声「ホイット、ホイット」が響く。左／米飯にごま塩と梅干し、たくあんのみのシンプルな「みこし弁当」。米の旨味とごま塩の塩分が、大量に汗をかく渡御の合間に食べるには丁度いい味付け。

くが、その重量は神輿を合わせると約二トンになるという。渡御中はおよそ六十～七十人が入れ替わりながら舁き、一人にかかる重さはおよそ三十キロ。

「そうした重量を担ぐことから、渡御の本番に備え、輿丁の中には年明けから練習を始めるグループもあります」。毎年六月頃より本格的な練習が開始され、日曜日には、八坂神社の敷地内で本番さながらに轅を井桁に組んでの練習会が催されている。

渡御では、神輿の周りを何重にも輿丁が囲む姿に圧倒される。一見不規則に舁いているかのように思えるが、輿丁の体力や経験の長さなどによって、誰がどこの位置を舁くかはある程度決まっているそうで、列をなし順番を待ちながら渡御を行う。輿丁は列の前の者の肩や背に手を置きながら神輿に随行し、最後尾の者が指を突き出して、その列が神輿のどの部分を舁く列であるかのサインを送っている。

また、三若神輿会だけ行うのが、渡御の休憩時に輿丁に配られる「みこし弁当」づくりだ。渡御の朝、午前六時から精進潔斎した男たちが約二千食の弁当をつくる。弁当には厄除けと安産のご利益があると信じられており、家族や知り合いに分ける者もいるという。

誰もが楽しみを感じる渡御を目指して

三基の神輿はそれぞれ形状も違えば、舁き方や掛け声も微妙に異なっており、自分たちの神輿こそ一番だというプライドから、かつては輿丁同士の揉め事なども起こっていたという。そうした激しい現場を統括するのが吉川さんの務めだ。

「最近でこそ喧嘩はなくなりましたが、今でも互いに競い合う気持ちは残っている。でも、だからこそ良い渡御、良い祭りができるのではないでしょうか」

還幸祭を終えると輿丁の祇園祭は幕を閉じる。しかし、三若神輿会の仕事はまだ続くという。祇園祭中、京都の繁華街の店先や家の玄関で見かける「御神酒」と書かれた札は、神輿会の活動に協賛しているという証。神輿渡御の終了後、神輿会の役員はそれぞれを訪問して回る。粽と、中御座神輿の鳳凰に付けられとともに渡御をした青稲を配り、祭りの無事を報告して寄付金を集めるのだ。夏も終わり、秋の気配を感じる頃、ようやく神輿会ではその年の祇園祭が終わりを告げる。

渡御には「神人和楽（しんじんわらく）」の精神を以て挑んでいるという吉川さん。

「山鉾巡行でも同じだと思いますが、まずは神様に楽しんでいただく。そして次に、我々舁き手が楽しませてもらい、沿道から観る人たちにも楽しんでもらう。神様に乗っていただいているという感謝の気持ちを忘れずに、関わる人すべてに楽しみを感じてもらえるような神事を目指しています」

稚児
神の使いの装いと化粧

強力（ごうりき）の肩に乗り、鉾に乗り込む長刀鉾の稚児。

稚児——神のよりましとなる存在の子ども。年端のいかない者には神霊が降臨しやすいと考える古来の信仰に則り、選ばれた稚児は神性を込めた白化粧を施され祭りに参列する。祇園祭の稚児たちは、天冠や烏帽子をかぶり、ことのほか華やかな出で立ちで目を引く。

現在、祇園祭では前祭の山鉾巡行で先頭を進む長刀鉾の稚児、同じく前祭の綾傘鉾の稚児、神輿渡御で神輿を前導する久世稚児［23頁］、七月十日のお迎え提灯・二十四日の花傘巡行に参列する馬長稚児が見られる。いずれも五～十歳程度の男子が選ばれ、神の使いと考えられている。

かつて山鉾巡行では船型（船鉾・大船鉾）を除くすべての鉾が稚児を乗せていたが、なり手不足などで一八三九（天保一〇）年の函谷鉾に始まり、その後一九二九（昭和四）年の放下鉾まで、順次稚児人形に代わっていった。現在、生稚児を鉾に乗せるのは、長刀鉾だけだ。

“神の使い”へと変身する長刀鉾の稚児

前祭の巡行の開始を告げる、注連縄切りを担う長刀鉾の稚児。毎年六月初旬に行われる「今年の稚児」の発表は、京都はもちろん関西全域の新聞・テレビで報道されるほど関心を集める。六月中旬の吉日には、稚児が長刀鉾町の養子となる「結納」を取り交わす。これを皮切りに長刀鉾稚児は祭りの期間中、さまざまな行事に列するが、その時々に決まった衣裳を身に着ける。

七月一日、稚児は、お付きとして選ばれた二人の禿とともに八坂神社に昇殿参拝し、その後本殿の外を三周する「御千度の儀」を行う。稚児に選ばれたことを神前に奉告し、祭礼中の無事を祈願。この時の装束は涼み衣裳と言われる絽の友禅染の振袖に、裏が大きくくり抜かれたこっぽり下駄という姿だ。五日には、吉符と呼ばれる稚児の名簿を八坂神社

巡行当日に長刀鉾稚児が戴く「天冠」は、頂に瑞鳥である鳳凰があしらわれている。

7月13日の「社参の儀」で身に着ける長刀鉾稚児の衣裳。白地の「鳳凰飛雲紋振袖」に、紗地の「祇園唐草文狩衣」、紫地の「波立涌指貫」。

巡行当日の長刀鉾稚児の本衣裳。紅地の「雲取龍鳳凰金襴振袖」に、白石畳地の「色有職丸紋表袴」。

長刀鉾稚児が稚児舞の際に使う羯鼓（かっこ）と撥（ばち）。

7月7日、八坂神社境内にある常磐殿で町と養子縁組を行う綾傘鉾の稚児。この後、6名の稚児は父兄とともに本殿に昇殿参拝する。

に納める「吉符入」が行われ、「蝶とんぼの冠」を頭に戴き、振袖と袴を着た稚児は儀式後、観衆に向けて会所の二階から稚児舞「太平の舞」を披露する。十三日は、神社に再び赴く「社参の儀」。この儀式によって正五位少将と十万石大名と同じ供揃えを整えることができるとされ、稚児は神の使いとなり、これ以降巡行後の「お位返しの儀」までは、地面に足をつけることなく過ごす。女人禁制の古式に則り、稚児は火打石で清められた料理を、父や祖父など男性のみと食べる。

十七日の巡行当日、稚児は一番の正装をする。頭には「金銀丹青鳳凰の冠」を戴き、龍と鳳凰があしらわれた金襴赤地錦の振袖に、白石畳地の二倍織表袴（ふたえおりうえのはかま）を身に着け、鳳凰の意匠を織り込んだたすきを掛ける。神事や行事の前には「理髪の儀」が行われ、稚児の前髪をまっすぐに切り揃え、襟足を三角に剃り上げる「うろこ」が施される。装束の着付けから理髪、化粧まですべて男性の手により、少年は神の使いへと変容していくのだ。

後祭の山鉾巡行の後に続く花傘巡行にて、色鮮やかな平安装束・水干（すいかん）を身に着けた馬長稚児。かつて朝廷や公家が献じた馬に乗る男児が馬長と呼ばれた。

天冠を戴き、白地の狩衣に紫紋入りの括り袴を身に着ける久世稚児。2名が選出され、17日の神幸祭では年少の稚児が、24日の還幸祭では年長の稚児がそれぞれ務める慣例となっている。

烏帽子に狩衣という公家装束に身を包んだ綾傘鉾の稚児。毎年6名が選出される。巡行当日は、朱傘の下、付き添い役の父親に手を引かれながら、傘鉾と棒振り囃子を前導し、巡行路を進む。

「神の顔」をつくる
——顔師

稚児を支える重要な役割の一つに、「化粧方」がある。神事や行事の際に稚児の顔や腕に、神性を宿すと言われる白化粧を施す。白化粧とは、七世紀末に中国から伝わったという白粉を用いた日本古来の和化粧。それを担うのは、白化粧のプロである顔師だ。顔師は稚児をはじめ、芸舞妓や役者、巫女などに白塗りを施す技術を、口伝のみの徒弟制度で伝承している。京都でも三名しかいない顔師親方のうち、奥山恵介さんは長刀鉾を、その弟子の城間里美さんは綾傘鉾の稚児や馬長稚児の化粧方を、約二十年にわたって務めている。

下地に鬢付け油を、その上に水で練った白粉を塗っていく白塗り。その化粧は舞台役者が行うものとはまったく異なるという。「稚児化粧の白は、絹の白。自然光の下で美しさが映えるように」と奥山さん。「歌舞伎役者も白塗りを施しますが、彼らの白は舞台照明で映える油化粧。神様の使いでもあるお稚児さんの白は、植物性の材料を用いた水化粧で、太陽の下、透明感を感じる神様の白にしなければいけません」。また、アイラインを描かない、鼻筋を立てないなど、顔が平板になるよう化粧を施す。「陰影をつくらない。それこそが神様の顔なんです」

また、奥山さんが施す稚児化粧は、毎回同じではない。巡行日に近付くにつれ神性が高まるよう、より白く白塗りを重ねていく。長刀鉾稚児の場合、初めて白塗りを行う七月一日の「御千度の儀」では「うっすらと」。二回目となる五日の「吉符入」では少し濃くなるが「まだ薄め」の白塗りに。十二日の曳初めを経て、四回目の化粧となる十三日の「社参の儀」の際には、眉を潰して新たに描き、これまで以上に白塗りを重ねるという。十七日の巡行当日は、暑さで化粧が崩れないよう細心の注意を払いながら、「巡行の時が最も神々しい、輝く白色になるよう」顔をつくっていく。

ムラが出ず透明感を帯びた白塗りを施すには相当の技術が必要になる。下塗りを会得するだけで「手足三年、襟首三年、顔で四年」の計十年、さらに上塗りは「もう十年」かかるという。白粉の配合は門外不出など、その技と独特の色彩を作り出す方法は口伝で継承されてきた。奥山さんは、日本画などの技法も参考に、下地に紅を入れ上から白を塗る「紅ぼかし」の技法を会得。紅は奥山さんの師匠が配合し四十年以上寝かした紅の上澄みを用いる。暑さによって稚児の顔が熱を帯びてくるに従い、紅が徐々に現れ美しさを増すという。

「神の顔」を作り出す顔師。その技を受け継いだ者が次世代に繋ぎ、祇園祭の一端を担っていく。

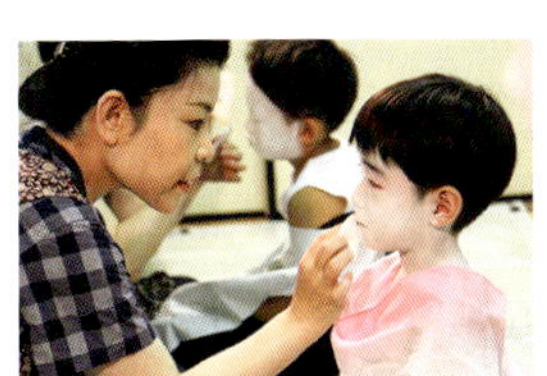

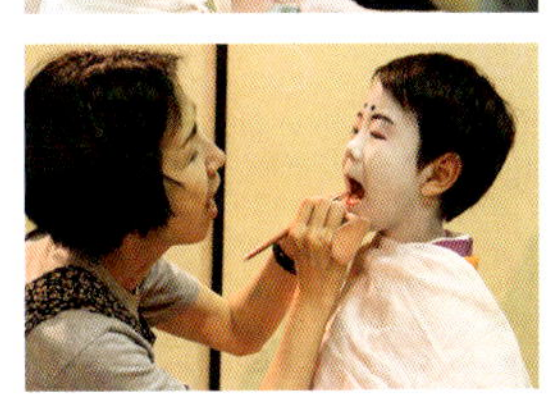

綾傘鉾稚児の白塗りを行う城間里美さん（写真上）。顔師たちの手によって、無邪気な子どもたちが神の使いへと変貌を遂げる。化粧を施された6名の綾傘鉾稚児は、この後稚児衣裳を身に着け、綾傘鉾町との「結納の儀」を済ませ、「社参の儀」を行う。

渡来の染織

山鉾で世界が一つになる奇跡

★ナビゲーター
吉田雅子（京都市立芸術大学教授）

〈図1〉黒主山見送「鳳凰と牡丹図・玉取獅子文額・中国の絹綴織掛物」。17世紀中期の綴織。日本に舶載されたのち、江戸時代に見送の形に仕立て直された。中国国内の需要を満たすために製作されたこのような花鳥画綴織や刺繡にアレンジが加えられ、ヨーロッパ向けの花鳥獣図の染織品がつくられたと推測されている。

〈図2〉放下鉾後懸「中東連花鋸葉文様・インドの絨毯」。イギリスやオランダの東インド会社の設立により、ペルシャ産よりも安価で取引できるインド産の絨毯が、17世紀頃ヨーロッパ向けに生産された。山鉾町には23点のインド絨毯が現存している。

数百年前に朝鮮半島や中国、ヨーロッパなどでつくられ、今日まで山鉾町に受け継がれてきた品々がある。山鉾を装飾する染織幕だ。全山鉾が所有する膨大な数の染織品のうち、少なくとも三百三十点以上を渡来品が占めるという。これだけ多く、なぜ京都・祇園祭に集まったのだろうか。染織の歴史と伝播のありようを研究し、祇園祭の染織品を十数年来調査してきた京都市立芸術大学教授の吉田雅子さんに訊いた。

海の向こうの染織品が山鉾を彩る〝奇跡〟とは

「山鉾町に渡来染織品を集めたのは、ほかでもない町衆たちでした。祇園祭は〝疫病消除〟を願う祭り。神輿が通る道を清めるため、欧州のタペストリーやインドの更紗、中国の綴織——珍奇な品で山鉾を飾って疫神を惹き付け、封じ込めようとしたんです。各町が財力や美的感覚を誇示するため、より絢爛かつ珍しいものを集め、山鉾の豪華さを競い合ったことも、渡来品入手の原動力となったのでしょう。これらの多くがつくられた十七〜十

〈図3〉占出山旧見送「鳳凰牡丹円紋・中国の絹綴織掛物」。16世紀後半〜17世紀前半、明代の中国でつくられた綴織。褪色が激しいが、もとは多色使いの鮮やかなものだったと推測される。ベッドカバーとしてヨーロッパからオーダーされたため、中心に円紋が採用されていると考えられる。

〈図5〉中国の宮廷では、色や文様で宮廷人・軍人・官人といった役職を区別する衣服を着用する制度があり、役職によって図柄の異なる役章・補子（ほし）を付けた。郭巨山前懸「波濤に鳥文様・中国の刺繡補子」は、17世紀前半の作。補子14点を縫い合わせて前懸本体の左右と上側を覆う。

〈図4〉放下鉾後懸。「五羽鶴に鳳凰と牡丹に鵲の図・朝鮮毛綴『拝対馬』銘」「玉取獅子に虎と松に鵲の図・朝鮮毛綴」「玉取獅子に蓮華と鵲の図・朝鮮毛綴」の3点を縫い合わせている。16世紀の作。デフォルメされた鶴や鳳凰、虎などが描かれ、朝鮮の民話的な雰囲気をまとう。

八世紀頃、日本は鎖国の時代。入手困難な中でも町衆は巨額の費用を投じて収集し、山鉾町は他に類を見ない渡来染織品の宝庫となったのです」

　そして、それらの渡来染織品が何百年の時を経て今日まで残っているのは奇跡的だという。「懸装幕はもともと絨毯や衣服などから仕立て直されたものですから、本来の用途で使われていれば摩耗や劣化は避けられません。しかし、山鉾町での出番は年に一度の祭りだけ。それ以外の期間は大切に保管されたため、ダメージは最小限で済んだ。例えば、一六〇〇年頃のイギリス・オランダによる東インド会社の設立を機にヨーロッパではインド絨毯が人気を博しましたが、今や世界に残るのはわずか。しかし祇園祭には放下鉾〈図2〉や鶏鉾のものをはじめ二十三点も現存しているんです。懸装品は町の〝公の所有物〟として大火や天災時も必死に守られ、焼失を逃れた品は確実に次世代へと受け継がれました。いくつもの奇跡が重なり、渡来染織品は今も山鉾を彩り続けているのです」

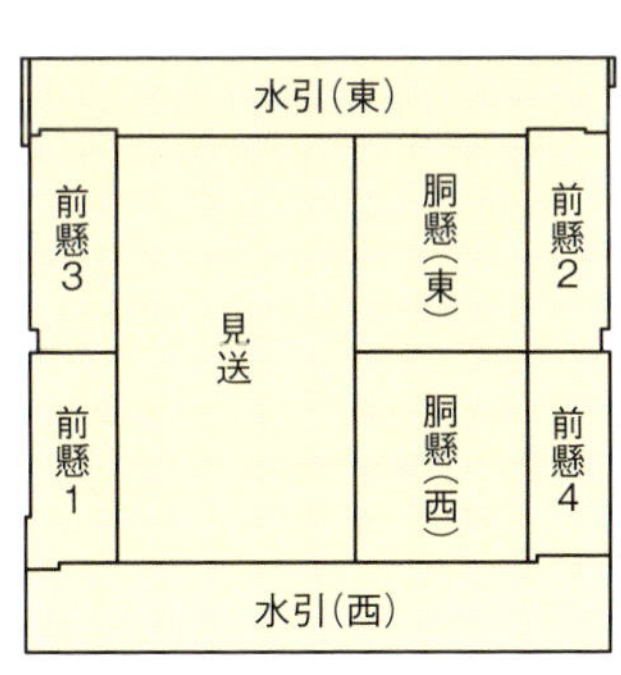

〈図6〉鯉山の見送・左右の胴懸・前懸・水引は1枚のタペストリー「『イーリアス』のトロイアの戦争物語（アポロン像を礼拝するプリアモス王とヘカベー）」からなる。16世紀後半のブラバン・ブリュッセル（現在のベルギー）にてつくられた5枚の連作のうちの1枚。

世界中の染織品が集まる祇園祭だけの楽しみ方

山鉾町は約一キロメートル四方内に密集している。この狭い範囲に世界の染織品が数多集まる稀なる祭り。その渡来染織品の魅力は、バラエティの豊かさにあると吉田さんは言う。「宵山の山鉾を巡って染織品の個性を見比べることは、祇園祭だけの贅沢な楽しみです」。その多彩さをより感じるには、いくつかのポイントがあるという。まずはそれぞれのもとの用途に注目してみよう。「郭巨山の前懸に連なる正方形の布〈図5〉は、階級や役職を表すため、中国の役人の官服に付けられた刺繍を十四点縫い合わせたものです。また、鯉山の胴懸や見送など〈図6〉は、大胆にも一枚のタペストリーをノミで断ち切り九枚に分け、仕立て直したもの。完結した一枚に見える鶏鉾の見送〈図8〉も、もとはタペストリーの中心画面を二分割したうちの一つです。既製のものをアレンジし、山鉾を巧みに彩った工夫を感じますね」

また、同じモチーフでも表現の違いを見比べると面白い。「例えば、明・清時代の中国から多く伝来した、花鳥獣文様の染織品を見てみましょう。黒主山の見送『鳳凰と牡丹図・玉取獅子文額・中国の綴織掛物』〈図1〉の鳳凰と牡丹は、精緻な描写でエキゾチックな雰囲気。対して、占出山の旧見送『鳳凰牡丹円紋・中国の綴織掛物』〈図3〉は、同じモチーフでもデフォルメによって素朴な印象を受けますね。さらに、放下鉾の三点縫い合わせの後懸〈図4〉には、鳳凰や牡丹のほかにファニーな表情の虎や鵲（かささぎ）の姿が。モチーフの方向が上下左右ばらばらなのもユニークです。少しマニアックですが、染織品の構図にも目を向けてみてください。黒主山のほうの見送は上下の向きが一目で分かるのに対し、占出山のほうは中心に円紋が配され、どの方向から見ても落ち着く構図になっていま

〈図7〉長刀鉾胴懸「玉取獅子の図・アラビア文字文額・中国近辺の絨毯」。16世紀初頭の作。吉祥文様の玉取獅子をユーモラスに表現。玉取獅子が中国的なモチーフであることと、アラビア文字の書体の一種・クーフィーが描かれていることから、中国文化と回教文化が混ざりあった土地でつくられたと推測されている。

す。前者はもともと中国の国内向けの壁掛けとしてつくられたものですが、後者はヨーロッパへの輸出用にベッドカバーとしてつくられたもの。だからモチーフを四つ組み合わせ、見る方向を問わない形が好まれたのでしょう。染織品が国際航路を行き交ううちに、輸出先の需要・嗜好に合わせて姿を変容させていった歴史が垣間見えます」

故郷と軌跡を紐解いて〝一枚〟が持つ物語に触れる

一枚の渡来染織品には故郷があり、日本に到るまでの長い道程がある。「染織品の背景をたどると、実にドラマチックな物語が見えてきます。例えば、長刀鉾の胴懸『玉取獅子の図・アラビア文字文額・中国近辺の絨毯』〈図7〉の産地は不明。しかし、二頭の獅子がたわむれてできた毛球から子獅子が生まれるという伝説に基づいたモチーフは、中国や朝鮮半島でよく見られる、子宝を願う吉祥文様です。さらに数色のみの染料と堅い獣毛が使われていることから、産地は植物や柔い毛の動物が少ない土地だと考えられます。そして獅子を囲んでいるアラビア文字も併せると、産地は現在の新疆ウイグル自治区近辺ではないかという仮説が立ちます。それがどうやって京都までたどり着いたのか……。このように渡来染織品は製作時期や場所の手がかりを

〈図8〉鶏鉾見送。鯉山のタペストリーと同じくベルギー製のタペストリー『イーリアス』シリーズのうちの1枚。このシリーズはほかに霰天神山や白楽天山、滋賀県の大津祭や長浜曳山祭でも見られる。

〈図9〉黒主山前懸「波濤に飛魚文様・中国の絹綴織官服（裁断片）」。16世紀中頃の官服の状態の良い部分を裁断し、19世紀に西陣で織られた綴織を縫い合わせている。袋中上人が琉球滞在中に、尚寧王から賜ったものとの文書が黒主山町に残っている。左右の部分は「龍紋と雲紋市松文様・中国の絹紋織反物（裁断片）」。

〈図10〉南観音山前懸「障屏山水花鳥文様・インドの更紗木綿布」。18世紀前期のコロマンデル・コーストでつくられたインド更紗。最高級の更紗を祭りの懸装品として用いることができた、当時の山鉾町の実力を物語る。

秘めつつ、謎を残したまま山鉾に懸けられていることもしばしば。探究心をくすぐられますね」

また一方で、渡来の経緯が記録に残る品もある。「中国・明時代の官服を縫い合わせた黒主山の古い前懸〈図9〉は、明から交易のあった琉球の王に贈られ、それを浄土宗の僧・袋中（たいちゅう）が譲り受け、黒主山に寄進したと分かっていて、織り出されている龍は羽根が生えた特別な姿。ここから、両国の関係性が分かる。渡来染織品は、当時の交易の様相や国家の位置づけをも語ってくれる、貴重な史料でもあるんです」

町衆の感性に磨きをかけた山鉾巡行と渡来染織品

山鉾には出自も素材も千差万別の染織品が一堂に飾られる。その姿は不思議なほど美しくまとめられ、雑多な不協和音を奏でない。これについて吉田さんは「山鉾町が〝呉服の町〟だからこそ、成しえた技」だと語る。

「古来日本の工芸や芸術の頂点であり続けてきた京都の町衆たちは、日頃から〝本物〟に触れ、自らも職人や商人として手を動かしたいわばプロ集団。山鉾の取り合わせの美を生んだのは、彼らの確かな審美眼でした」

さらに、山鉾巡行によって渡来品を含む懸装品が町衆たちの目に触れたことが、その感

〈図11〉保昌山見送「寿星図 綴織」。1798（寛政10）年の作。福禄寿や弁財天、唐子、鹿や亀などの動物を配した綴錦。渡来品を真似て、横幅約1.6メートルの広幅綴織に挑戦し始めた初期の品。

性をいっそう磨いたという。「目の前を通り過ぎる渡来染織品を、彼らは目を丸くして眺めたことでしょう。海外の技術や美意識に触発され、保昌山の見送『寿星図 綴織』〈図11〉のように中国的なモチーフを真似た綴織に挑戦し始めます。さらに時代が進むと、橋弁慶山の胴懸『加茂葵祭行列図 綴織』〈図12〉のように、渡来品に学んだ綴織技術を使って日本的モチーフを表すことが流行。町衆たちは渡来品を模倣しながら、染織技術を高めていったのです」

祇園祭を支える町衆の気質と感性が、山鉾町にあらゆる時代・産地・技法の渡来染織品を集めた。祭りに足を運んだら、この〝奇跡〟を堪能しない手はない。年によって公開される懸装品は異なるので、訪れるたび偶然の邂逅を楽しむのもいい。一枚一枚にドラマを秘める渡来染織品から祇園祭を覗けば、その長い長い物語が垣間見えてくるだろう。

〈図12〉橋弁慶山胴懸「加茂葵祭行列図 綴織」。1809（文化6）年の作。上賀茂神社と下鴨神社の葵祭の行列を典雅に表現している。外来技法である綴織を日本の画題に用いた早期の品。

吉田雅子（よしだ・まさこ）
一九六一年東京都生まれ。京都市立芸術大学教授。武蔵野美術大学卒業後、企業デザイナーとして勤務後、ワシントンDCのテキスタイル・ミュージアムで染織品の保存や調査に携わる。九二年にメトロポリタン美術館にて東アジア染織品のリサーチアシスタントとして勤務。二〇〇五年京都大学大学院人間・環境学専攻博士課程修了。人間・環境学博士。同年より京都市立芸術大学で教鞭をとる。祇園祭山鉾装飾品等専門委員。

木彫

名工・名仏師の妙なる造形

★ナビゲーター
浅湫(あさぬま)毅(たけし)
(京都国立博物館研究員・連携協力室長)

船鉾の船首を飾る、木彫総金箔の鷁(げき)。長谷川若狭、1760(宝暦10)年作。高さ1.3メートル、両翼2.7メートル。鷁は想像上の中国の水鳥で、風雨に負けず飛ぶことから水難除けの印とされる。平安時代の船遊びでは、船首にそれぞれ龍と鷁とを彫刻した二隻一対の船「龍頭鷁首船」が天子や貴人の乗る船とされた。ちなみに後祭の大船鉾は、隔年で船首に龍頭を付けている。

山鉾に乗る御神体や木彫装飾の多くは、何百年という年月を経ている。有形の民俗文化財でもあるこれらは折々に修理が施されてきたが、仏像・神像などを専門とする京都国立博物館研究員・淺湫毅さんは、その助言・指導に当たっている。「静かにお参りされる仏像と違って、祇園祭の山鉾巡行は雅やかとはいえ、激しい動きを伴います。ですから修理は美術工芸品としての側面と、建造物的な側面の両方から考える必要があるので、なかなか難しい」

原状を極力維持するために、まずはつくられた年代や素材・技法を調査するという淺湫さん。そんな研究者の視点から、とくに注目したい山鉾の木彫作品について訊いた。

鎌倉仏師の系譜に見る、躍動感と写実性

山鉾の装飾に動物の彫り物は多いが、とくに大きく煌びやかな姿で目を引くのは、船鉾の船首を飾る鷁（げき）である。一七六〇（宝暦一〇）年作の木彫総金箔。「平安時代の船遊びに使われた『龍頭鷁首船』の姿を今に伝えていて、文化史的に面白い」と淺湫さん。

勢いのある姿と言えば、鯉山のシンボル。中国の故事「登竜門」にもとづく木彫の鯉だ。「力のある鯉が滝を登り龍に変じるという場面だけに、躍動感にあふれています」。浮彫で表された波の上を登る鯉は、全長約一・五メートルのダイナミックな姿を見せる。

全山鉾の御神体の中で最古の可能性もあると指摘するのは、南観音山の楊柳観音像だ。衆生の病苦を救う姿とされる、穏やかな観世音菩薩像は鎌倉末期作との説もあるが、その顔つきから、淺湫さんは南北朝期頃の作ではないかと推測する。「慶派（鎌倉時代の名仏師・運慶の末裔の流派）の仏師の手になると思われるような、しっかりした造形です。素晴らしいのは、既存の仏像の転用でなく、南観音山のためにつくられたと思われること。楊柳観音像は中国の古画などには描かれていますが、日本の木彫像ではあまり例がなく、当時の観音の木彫像としては珍しい、衣で頭部を覆うという姿であらわされていることからも、それが推測されます」。天明の大火の際には町衆が持ち出し、頭胸部のみ焼失を免れた。今日残る坐像は頭胸部が檜、その他が杉製で、後年の補修は明らかだという。

慶派仏師の系譜は、楊柳観音像の他にも祇園祭において存在感を放つ。「老人の顔をよく写し、鎌倉期の彫刻のようなリアルな表現」という芦刈山の古い頭（かしら）は、一五三七（天文六）年、七条仏師・康運の作だ。康運は、運慶の末弟・運助の七代目。「運慶の流派の名前を冠した、言わばトップブランドの工房が手掛けているわけです」

木賊山（とくさやま）の御神体は桃山時代の作。慶派の仲間の末裔で、奈良で活躍した仏師集団、春日仏師の手になるとされる。別れた子を思いながら木賊を刈る、悲哀に満ちた翁像だ。「伝承を信じるなら、京都の祭りに京都だけでなく、奈良の仏師が関わっていたという面白い事例。十六世紀中頃は応仁の乱も終わり、町衆の力が伸びた時代。山の成立・復興とも絡む時期で、何らかの新しいものを作る気運が盛り上がっていたのかもしれませんね」

細部に至るまで観たい、仏師たちの技量

研究者の間では、日本の木造彫刻は平安・鎌倉期をピークとし、時代が下がるにつれ写実性が衰えるが、桃山期から江戸初期にかけて鎌倉彫刻風が復興、しかし江戸後期ともなれば再び形式化するというのが通説だ。ところが、その認識を覆すような例が八坂神社で発見されている。西楼門に立つ随神像（老相・青年相の一対）だ。「とくに老相の表情などは非常に写実的。造立は一七七四（安永三）年で、七条仏所の仏師、康音・康伝・康朝の親子三代が協力して制作。鎌倉彫刻の写実性の伝統が、江戸後期まで途切れることなく続いていたことが分かりました」。七条仏所は運慶の末裔の工房で、いくつかの流派に分かれていた。その中でもこの三代は、比叡山や宮中、幕府関係の仕事にも携わった主要な流派だという。

芦刈山の御神体の旧頭（きゅうかしら）は、1537（天文6）年、七条仏師・康運作。老翁の写実的な表現が目を引く。旧頭は宵山期間に会所に飾られ、前祭には新しい頭を付けて巡行する。

孟宗山の御神体、孟宗像。1796（寛政8）年作で、うなじに「大仏師職卅一世　法橋七条左京康朝」と記されている。素材は檜で胡粉は塗らず、そのままの木肌を生かす。雅やかな品と温もりある表情の優品。

会所に祀られる木賊山の御神体。謡曲「木賊」のシテの老翁を表し、檜材でつくられた頭は桃山時代、奈良の春日仏師の作とされる。足台には「元禄五（1692）壬申年六月吉日」の墨書がある。

南観音山の楊柳観音像。宵山には会所に脇侍の善財童子像(天明の大火後に製作と推定)と共に祀られる。「病苦克服」をもたらす楊柳観音、「豊かな暮らし」を象徴する善財童子は人々の願いを映した取り合わせか。

鯉山の会所で飾られる鯉は、立身出世を祈願する山の象徴。かつて淺湫さんが補修の相談に応じたひれは、取り外しが可能となっている。うろこの浮彫も精巧で、町内では左甚五郎作の伝承がある。

一番若い康朝が手掛けた御神体像が、孟宗山に現存している。病身の母を思う孟宗が、雪の中で筍を掘り当てた姿を描く像。八坂神社の随神像から下ること約二十年の一七九六(寛政八)年、壮年三十八歳頃の作だ。「やはり鎌倉風の、誇張が少なくリアルな造形です。八坂神社では三代が力を合わせて入念な仕事をし、孫の代は山鉾にも携わる。たんなる商売でなく、背景には彼らの信仰心があったのではないでしょうか」

技量の高い名工たちが篤い志をもって制作に当たったであろう山鉾の木彫。それらが何百年の時を経て、いまだに使われ続けていることが、何より貴重だと淺湫さんは言う。

「補修に関わるようになって初めて、各町内の数少ないお宅で懸命に守ってこられたことを知り、よくぞ何百年もと頭が下がりました。山鉾を見る際には、ぜひ双眼鏡か単眼鏡を持って、力のある名工の残した造形を細部まで味わっていただけたらと思いますね」

淺湫毅(あさぬま・たけし)
京都国立博物館学芸部連携協力室長。一九六四年生まれ。早稲田大学大学院文学研究科(美術史専攻)博士後期課程単位取得後退学。九二年から東京国立博物館に勤務、九八年に京都国立博物館へ異動し現在に至る。専門は日本の仏像・神像を中心とする東洋彫刻史。現在、祇園祭山鉾装飾品等専門委員として、御神体をはじめ木彫装飾の修理に携わる。

絵画

ハレの日を彩った京絵師たちの矜持

★ナビゲーター
小嵜善通（おざき よしゆき）
（成安造形大学教授）

保昌山胴懸「張騫白鳳図」。前漢の張騫は西域の大月氏に使者として派遣され、西域の知識を持ち帰った人物で、本図にも描かれるザクロを東方にもたらしたといわれる。また浮き木に乗って黄河をさかのぼり、天の川に至ったという伝説もある。

保昌山胴懸「巨霊人虎図」。巨霊人は、中国神話の黄河の神で、曲がっていた黄河の流れを、山を二つに分けまっすぐにしたという逸話がある。

右頁／保昌山に残される円山応挙筆の下絵。いずれも1773（安永2）年作で応挙数え年41歳の時のもの。薄い紅が施されているのは、緋毛氈の生地を想定したものと考えられる。

月鉾の屋根軒裏に描かれた円山応挙筆「金地著彩草花図」。1784（天明4）年、応挙数え年52歳の制作。四面あり、鉾の下から見上げるとよく見える。61・62頁は、軒から取り外して撮影したもの。

祇園祭の華やかな幕類や彫刻、金細工などの下絵は、古今を通じて都を代表する絵師が担ってきた。なかでも京都画壇の絵師の深い寄与は群を抜き、その肉筆が残るものも。日本美術史研究者で二十数年来、祇園祭に関わる小嵜善通さんに、近世から近代に活躍した注目の絵師とその作品を教えてもらった。

稀代の写実画家、応挙の肉筆

小嵜さんがまず挙げるのは、近世絵画を代表する一人、円山応挙だ。京の四条界隈に暮らした応挙は、記録に残るだけで六つの山鉾町から依頼を受けている。その中で原寸大の大下絵が残るのが、保昌山だ。完成品の幕は緋羅紗地に精緻な刺繡で、中国の故事・伝説に基づいた人物が描かれる。「下絵ながら淡彩が施され、十分鑑賞に堪えるもの。応挙は人物も自然も自分の目で観察し、写生をよくした人。手本を真似ただけの絵とは異なり、卓越した写実性が特色です。この下絵でも実に生き生きした人物の表情、衣の柄や波のうねりと『さすが応挙』と思わせる筆致です」

ただ一つ、画題と図様がそぐわない点が謎として残されてきたという。「人物とモチーフの組み合わせが不思議だったのですが、近年その謎が解明されました。二枚の胴懸の人物は東面に巨霊人、西面に張騫が描かれているとされていましたが、実は二人が入れ替わ

天明甲辰仲夏寫
源應擧

松村景文の肉筆が見られる長刀鉾。軒裏の前部は「双丹頂鶴図」、後部は「孔雀図」、垂木間が「百鳥図」。1829（文政12）年の作。二面ある垂木間はそれぞれ水鳥と山鳥で描き分けられ、全部で23種ほどの鳥が舞う。

っていたのです。東面に張騫とザクロ、西面に巨霊人と虎でしっくりきます。二人とも水に縁の深い人物。疫病退散を目的とした祭りゆえ、人々が水を司る龍神を崇めたから。祇園祭で龍の柄が多く見られるのは、町内が水に縁のある、それも通好みの珍しい画題を応挙に求めたのかも知れません」

応挙のいっそう鮮やかな肉筆が見られるのは、月鉾の屋根軒裏に直に描かれた「金地著彩草花図」だ。「二百三十年ほど経つとは思えないほど発色が良い。一枚一枚色を変え、まるで本当に生えているような姿は、植物を細部まで観察した応挙ならでは。出来に満足したのか、珍しく花押まで記しています」

円山四条派の絵師が山鉾に映した時代の風と町衆好み

山鉾の装飾品に関わった近世京都画壇の絵師は、小嵜さんの調査によると三十四名。中でも応挙に端を発する円山派と、応挙に大きな影響を受けた呉春が創始した四条派の絵師の数は、合わせて十二名にも上る。

呉春の実弟・松村景文の肉筆は、長刀鉾の軒裏で見られる。破風下には丹頂鶴と孔雀が、そして垂木の間には百鳥（ももとり）が描かれる。「当時孔雀図は流行し、多くの画家が描いています。景文の孔雀は狭い画面の枠を意識しながらデフォルメを加え、モチーフを巧みに埋め込ん

函谷鉾の軒裏にある今尾景年筆「金地著色鶏鴉図」。1900（明治33）年作。破風には、やはり京都画壇の円山派・国井応文の下絵による鳳凰の錺金具が施されている。

だセンスが見どころ。百鳥図では重なり合う鳥がデザイン的にうまく配置されています」

さらに時代が下り、明治期から大正期に活躍した四条派の画家・今尾景年の筆は函谷鉾の軒裏に。中国の戦国時代、斉の孟嘗君が鶏の声によって函谷関を脱出できた故事に由来する鉾。破風の裏には夜明けを象徴する鶏が前部に、明鴉（あけがらす）が後部に描かれている。「景年は花鳥画の名手で、売れっ子でした。若冲がもてはやされる今の芸術観からすると少し古い感じもしますが、穏やかな安らぎを与える絵は、当時の旦那衆の美意識を表しているとも言えます。ただ、単純な黒ではないこの鴉の色は景年にしては冒険的。『俺の鴉を見てみろ』という自負でしょうか」

そしてさらにスケールの大きい肉筆が、孟宗山の見送「孟宗竹藪林図」だ。描き手は近代日本画の先駆者の一人で、四条派に連なる竹内栖鳳（せいほう）。「下絵でなく、作家が絹地に直に描いた肉筆の見送は、後にも先にもありません。膠を入れ光沢の出る墨を使っているのは、長きに耐えるようにという思いもあったのでは。留学経験のある栖鳳らしく竹の立体感などに西洋画の技巧も施され、洒脱な感じがしますね。晩年の作らしく、無駄な線のない作品です」

「祇園祭」は腕を競い鑑識眼を育む、幸福な舞台

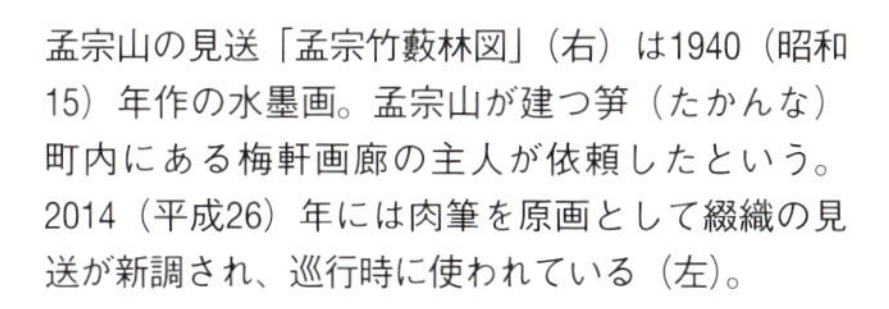

孟宗山の見送「孟宗竹藪林図」（右）は1940（昭和15）年作の水墨画。孟宗山が建つ笋（たかんな）町内にある梅軒画廊の主人が依頼したという。2014（平成26）年には肉筆を原画として綴織の見送が新調され、巡行時に使われている（左）。

応挙、景文、景年、そして栖鳳と二百年以上にわたり山鉾の装飾に力を注いできた京都画壇の絵師たち。彼らは鑑賞側の意識を常にとらえて彩管をふるっただろうと、小嵜さんは推測する。「一流の絵師は城や寺の襖絵などを手掛けましたが、それを見るのはごく一部の人だけ。しかし祇園祭なら、老若男女あらゆる階層の人の目に触れる。彼らにとっては一種のギャラリーで、大変名誉な場だったはずです」。若い絵師は先人の作品に刺激を受け、自らも渾身の力を注いだろうという。同時に、染織に携わる人が多かった町衆にとっても知識・情報を伝えながら絵師を育て、良いものを見極める力を養う場でもあった。「けっして旦那衆の道楽ではない。自分たちの見識を世間に問う見本市的な場所だからこそ、莫大な金額を掛けたのでしょう。そういう幸福な舞台として、祇園祭は続いてきた。これからも、京都で活躍する芸術家・工芸家を育てる場であり続けてほしいですね」

小嵜善通（おざき・よしゆき）
一九五八年大阪府出身。大阪大学大学院文学研究科芸術学専攻博士前期課程修了。近世絵画史、とくに桃山時代の狩野派、江戸時代の京都画壇が専門。祇園祭山鉾装飾品等専門委員。京都市文化財保護課に勤務中から祇園祭山鉾の染織品の調査に加わり、装飾品の調査・復元新調審議等に関わるように。二〇〇一年より成安造形大学で教鞭をとる。

橋弁慶山御神体、弁慶・牛若丸像。牛若丸ののど木に「永禄六年六月吉日」（1563年）「康運」の銘。檜製の頭に胡粉が塗され、弁慶の顔や手には艶だしも。室町期の鎧「黒韋威肩白胴丸 大袖付」は重文（原物は京都国立博物館に寄託）。

人形
「神」へと変わるとき

★ナビゲーター
林駒夫（人形作家）

「御神体」と聞いて、何が思い浮かぶだろうか？　本来目に見えない神を偶像化した「御神体」にはさまざま形があるが、祇園祭の山鉾においては、主に山に乗る人形を指す。山の趣向に応じて、物語の中心となる人物などが神格化され祀られたものだ。全国各地の山・鉾・屋台に見られる山車人形のルーツとも言われる祇園祭の御神体人形。その見どころとそれを支える町の意識を、祇園祭に幼い頃より親しんできた人形作家で重要無形文化財保持者の林駒夫さんに訊いた。

町の矜持をかけて趣向が凝らされた御神体の仕掛けと衣裳

林さんが「いかにも山車人形らしい」と、まず薦めるのは橋弁慶山。五条大橋で弁慶と牛若丸が一戦を交える、誰もが知る場面を描く。「弁慶が大長刀をはらったところを牛若丸がひらりと飛び越え、擬宝珠（ぎぼし）の上に高下駄の歯一本で立つ。ドラマティックな構図が実に見事。『よそにない面白いものを』と趣向を凝らす、町のプライドが生み出したものでしょう」

同じように戦いの瞬間をストップモーションのごとく切り取るのが、浄妙山。平家物語の一場面を描き、一来法師が筒井浄妙の頭に片手をついて飛び越える。「こういうアクロバティックなものが何百年も残っているという面白さ」。さらにこの二体の人形は、驚くことに枝分かれした自然木の幹をそのまま脚としているという。あっと驚かせる仕掛けを町ごとに工夫を凝らして具現化し、それが連綿と受け継がれているのだ。

御神体人形の胴体部の構造はさまざまで、木を組んだものもあれば、竹の籠を使う場合もある。多くが、そこに布や綿を巻き付け、人の体の形にしてから装束を身に着けている。着付けには熟練の技が必要で、各町内で伝承されているが、プロの能楽師が代々着付ける町もある。

そして多くの人の目を引く装束には、贅を尽くすのが都人の矜持。「これから何百年も使うものですから、本物でないと」。二〇一四（平成二六）年に復興した大船鉾の御神体衣裳に、本金糸を用いた西陣織が使われたのもその所以（ゆえん）だという。

「ただの人」ではならぬ、祭りを祭りたらしめる顔

林さんは若い頃、祇園祭の山の御神体像をスケッチして回り、トータル十五基分の小さな紙塑像をつくった。「御神体のフィギュアをつくることで、その表現を自分の中に取り込みたかった」と語る林さんが、とくに注目するのは顔の表情だ。御神体の顔として頭（かしら）を付けるものと、面を付けるものがある。例えば先の橋弁慶山では頭。浄妙山では、木の先

上／能装束風の小袖と大口袴を身に着けた、芦刈山御神体（写真：たやまりこ／©公益財団法人芦刈山保存会）。下／「綾地締切蝶牡丹文片身替小袖」は織田信長から贈られたと伝わる桃山時代の逸品で、祇園祭の御神体衣裳では最古（重文）。

端に頭巾をかぶせた上に面を付ける。それらの表情を見比べていくのも、面白いという。

　中でも橋弁慶山の牛若丸は「なんとも可愛らしく品があるお顔。幼い人物を描く人形は媚びた表情になりがちですが、そういうところが一切ない」。のど木には「永禄六年」の銘があり、慶派の仏師・康運の作と伝わる。

　同じく康運の手になり、さらに二十年ほど古いものが、芦刈山の老翁の頭だ。「面やつれした雰囲気ですが、謡曲『芦刈』を題材とする山の趣向としてはこれでいい。落ちぶれて芦を刈っているところを、良い身分となった昔の妻に見られた男。雨の漏るような苫屋に住んでいるのだから、侘びた姿を表現しているんです。渋く、なかなか味がある顔です」

　逆に気品を漂わせ、「端正でええ男。りりしくて男らしくて嫌みがない」と言うのが、山伏山の浄蔵貴所の頭。まっすぐな瞳に、少し厚めの唇を結んだ穏やかな表情の山伏だ。「浄蔵貴所は亡くなった父を加持して生き返らせたのを始め、数々の奇跡を起こした伝説の宗教家。ということは、たんなる普通のきれいな男ではいけない。人の形をつくることは難しいもので、誰にとっても身近なだけにおかしなところがあればすぐ分かる。まして

浄妙山御神体、筒井浄妙像（上）と一来法師像（下）。仁王立ちする浄妙の足元に自然木がのぞく。御神体に使われる橦（とう）の木は、天秤棒などにも使われた硬くしなる木。巡行では、一来法師が片手で「悪しう候浄妙坊」と浄妙の頭に手をつき先陣を切る、奇想天外な構図が目を引く。浄妙の「黒韋威肩白胴丸 大袖喉輪付」は室町期のもので重要文化財。

山伏山御神体、浄蔵貴所像。檜製の頭に眉、髪や鬚が描かれる。つけ髪は人毛。修験道の行者らしく頭に兜巾（ときん）をかぶる山伏装束。頭の制作年代は不詳だが、別にある新頭が1722（享保7）年作のため、それ以前とされる。

御神体となれば『ただの人』では到底駄目で、信仰心を集め不特定多数を喝采させるものにしなければいけないんです」

飛鳥時代、やはり人々の崇敬を集めた偉人を祀る山がある。聖徳太子を祀る太子山だ。髪をみずらに結った十六歳の太子像にも、林さんは心を寄せる。「頬をしっかり張った若いお顔で、豊かな気品が満ちています」

三百六十五日のうち一番大事なハレの日が祭りで、だからこそ廃れないという林さん。「祭りは、見えない神をあるごとく見せる、大いなる仕掛け。だから、度重なる大火や災害の時も、町の人はまず『神』の頭を抱えて逃げ出し、何百年も守ってきたのでしょう」

山鉾町の祭りの中心、御神体は一年のほとんどを蔵でひっそりと過ごす。しかし、祭りの始まる七月、お飾り場にひとたび祀られれば、神としての役割を静かに果たし始める。

林駒夫（はやし・こまお）

一九三六年京都市上京区生まれ。高校卒業後、本友禅の仕事に携わる傍ら人形作り、能面打ちを始める。七三年日本伝統工芸展で日本工芸会総裁賞受賞。二〇〇二年重要無形文化財「桐塑人形」保持者に認定（人間国宝）。祇園祭御神体の紙塑像は老舗人形店「田中彌」に祭りの期間中展示される。巡行復帰を目指す鷹山の御神体衣裳の監修も担う。

中／古い町家に緋毛氈を敷き、しっとりした趣が漂う太子山会所の飾り席では、正面奥の祭壇に御神体の聖徳太子像を厳かに祀る。下／頭は檜製で、髪は上古の時代らしく、みずらに彫られている。少し吊り、強靭な表情をあらわす目には玉がはまる。享保年間（1716〜36）の作とされる。

宵山 よいやま

山鉾巡行の三日前（前祭は七月十四日、後祭は二十一日）から、宵山が始まる。細かく言えば宵々々山、宵々山、宵山と呼び方が毎日変わっていく前夜祭だ。町内に建てられた山鉾には駒形提灯の柔らかな灯りがともり、町行く人を優しく照らす。前祭では宵々山から、普段は車が行き交う大通りも露店が並ぶ歩行者天国に変わり、毎年五十万人ほどが訪れる。期間中は、山鉾町内の会所において、各山鉾に飾られる懸装品や御神体人形などを公開する「会所飾り（宵山飾り）」が行われる（一部非公開あり）。普段は蔵の中に収まる町内自慢の逸品を間近に鑑賞できる貴重な機会。会所の前には、家の玄関先に吊るす厄除けの粽やお供えのろうそくなど数々の授与品が並ぶ。山鉾の上で奏でられるお囃子の調べ、粽を売る子どもたちのわらべ唄の響きが宵山ならではの風情を醸す。こうして町は、山鉾巡行に向けて、一夜ごとに賑わいを増してゆく。

御神燈
清酒
神聖
船鉾
水越医院
御祈祷済み
ちまき
Chimaki amulet
松竹梅

屏風祭

宵山の楽しみの一つが、山鉾町界隈の個人宅や商店で行われる屏風祭。〝動く美術館〟と称される山鉾巡行に対して、〝静の美術館〟とも呼ばれる。室内には屏風が立てられ、魔除けのヒオウギが生けられる。昔ながらの町家では、外から格子越しに覗ける場合もあれば、夏のしつらいと合わせて室内を見学できるところも数軒。近年はビルのエントランスに飾られることも増えてきた。屏風祭は、祭りの見物客へのもてなしであるとともに、町衆が秘蔵の屏風や道具類を披露するお宝自慢の機会でもあった。伝来の屏風のほか、山鉾の懸装品を手掛けた画家たちに新たに描かせることも珍しくなかったという。

屏風祭を行う家は年々減りつつある。宵闇の中、家々からこぼれる明かりに誘われるように中を覗くと、秘蔵の屏風や絨毯、山鉾のミニチュアなどに出会える。そんな趣ある宵山風景を目に焼き付けておきたい。

72〜73頁は藤井絞。前祭・後祭ともに屏風を披露する。一年を通して屏風祭を再現している京町家・紫織庵でも、祇園祭期間は普段より多くの屏風を飾る。右／「孔雀図」は明治から大正期の京都画壇の重鎮・今尾景年作。左／京都の社寺や風俗を表した「洛中洛外図」（作者不詳）は江戸末期頃の作。左隻には1626（寛永3）年に行われた後水尾天皇の二条城行幸、右隻には祇園祭の山鉾巡行などが描かれる。

大船鉾の部材の数は船体だけで144。屋形を含めると400を超える。どの場所に差し込むか分かるよう、部材には「西と」「西ち」など方角と順番を表す記号が墨書きされている。

column 5 祭を担う

鉾を建てる
――設計士・末川協さんに訊く

　巡行の約一週間前から、山鉾町では通りのあちこちで、山鉾建てが始まる。毎年組み立て、解体される祇園祭の山鉾。中でも鉾について「短期間での組み立てと解体を可能にした究極の形」と語るのは、京町家の再生活動にも携わる設計士で、元祇園祭山鉾装飾品等専門委員の末川協さん。

　山鉾の実測を通じてその構造を丹念に調べ、二〇一四（平成二六）年復興の大船鉾の再建も手掛けた末川さんに、鉾建ての基本とその技について訊いた。

三日がかりの鉾建ては分業で

　鉾建ては通常三日かけ、作事方と呼ばれる職人集団が作業に当たる。作事方は、構造材を主に担当する手伝方、屋根などの化粧材を扱う大工方、そして車輪などを取り付ける車方と大きく三つに分かれる。

　初日は、手伝方が鉾の胴体となる櫓を釘を一本も使わずに組み立てていく。木の両端に凹凸を付けて組み合わせる仕口という伝統的な仕組みで部材を接合させ、鼻栓と呼ばれる

放下鉾の真木立て。真木に大綱を掛け、徐々に引き起こしていく。棟梁が上に乗り、扇子で音頭を取りながら慎重に進める。この作業は、巡行の安全確認の意味も兼ねている。

大船鉾の鉾建ての様子。上／伝統的な木組みに欠かせない仕組み、仕口。部材を直角に組むとき、両端に設けた凹凸を噛ませてはめる。下／見た目も美しい縄がらみ。写真は「雌蝶（めちょう）結び」と呼ばれる結び方で、進行方向に向かって側面に施される。正面と後ろは「雄蝶（おちょう）結び」。雌蝶のほうが末広がりの形。左／櫓が組み上がると数時間かけ、縄がらみが行われる。

栓で留める。「鼻栓はすべて同じサイズ。探す手間を省く効率化のためでしょう」。また、並行して真木も組み立てられる。真木は檜製で通常三〜四つに分かれ、先端は軽い竹製だ。

二日目にまず行われるのが、櫓の「縄がらみ」。わら縄などを部材の結合部に巻くことで鉾を一体化させ、補強する技だ。使う縄は、鉾一基で五〜七キロメートルにも及ぶ。櫓の縄がらみと真木の飾り付けが終わると鉾建てのクライマックス、「真木立て」を迎える。組んだ櫓を横に倒してから、二十メートル超の真木を挿し込み、ゆっくりと立ち起こしていく。「真木立てが成功すれば、まず辻廻しもうまくいく。ここでバランスを崩すようなことがあれば、その前工程に問題があるということなんです」

三日目は車方による車両部の取り付け。まず鉾の全重量を受けとめる頑丈な梁材・石持や車軸に、縄がらみが施される。これらが櫓としっかり結合されてから、直径約二メートルの車輪を取り付ける。続いて大工方が屋根と舞台を設置。最後に町役員による懸装品の飾り付けで、鉾建てはようやく完了となる。

人力による真木立て・巡行を可能にした、究極の柔構造

「文化・文政期（一八〇四〜三〇年）に技術

的な到達点を迎えた鉾は、極限の柔構造を持っています。地震に備え細く軽い木を使った京町家に似た構造が見られることから、鉾の設計や組み立ては町家大工が担ったと推測できます。町家では木組みを塗り壁などの土壁が補強しますが、同じように鉾では木組みを縄がらみで補強しているんです」。縄がらみによって鉾は一体化しながら、ある程度自由度のある柔らかい構造となり、絶妙にバランスを保つ。中でも注目すべきは、鉾上部の三角に見える部分。真木を斜めから支える四本の禿柱（かむろ）と櫓に渡された横木・燧（ひうち）とで成すこの部分が「真木に追従して動くことで揺れを吸収し、分散させるんです」

　鉾は大型化を目指すほど、構造が長く細くシンプルに、そして柔らかくなってきた。「その究極形が長刀鉾と鶏鉾。この二つは鉾上部の屋形に構造材の柱を持たず、化粧材の柱のみで建っており、鉾の軽量化により大型化に成功した好例です」

町家大工の技術の粋を継承する

「見た目はそっくりな鉾でも、石持の樹種や仕口の取り方など、内部は町ごとに異なっています。大工たちが、隣の鉾を盗み見ながら、競い合った証でしょう」。そんな江戸期の町家大工の仕事をつぶさに捉え、平成の鉾・大船鉾を設計した末川さん。「現代は町家を専門にする大工は多くありません。しかし近年、町家建築を学んだ若手の棟梁が、山鉾の作事方にどんどん加わっています。彼らがゆくゆくは鉾の手入れなども担えたらと」。連綿と続く技を頼もしく受け継ぐ仲間たちを、末川さんは熱く応援している。

車輪を取り付ける鶏鉾。軸組の部材の数は51と少なく、鉾の柔構造を追求した形だという。櫓の上の、4本の禿柱と燧とでなす四角錐が水平に動くことで、真木はしゃなりしゃなりと揺れてバランスを保つ。

宵山期間中、会所前に立つ北観音山を下から。山の全重量を受ける頑丈な木材・石持を車軸にのせ、櫓の4本の柱と縄で固定。ここでも釘は一切使わず、縄がらみによる柔構造を可能にしている。

千年の都を彩る「鉾と山」

古今東西の名品を飾り付け、
神の通り道を祓い清める山鉾巡行。
豪華絢爛な彩りや風雅な祇園囃子で魅了する
全三十三基の山鉾は、まさに〝動く美術館〟。
「神人和楽」の精神を以て、
千年以上続く古都の夏の風物詩だ。

右／「くじ取らず」を除く二十四基の山と鉾は、巡行の冒頭に「くじ改め」に臨む。裃姿の代表者がくじを差し出し、順番通りに進んでいることを示す。左／祇園囃子を奏でながら進む岩戸山。二十〜三十曲ある囃子は山鉾ごとに少しずつ違う。

町三条
amachisanjo
岩戸山
船鉾

祇園祭山鉾連合会 理事長に訊く

山鉾の見方、楽しみ方

七月十七日の前祭と二十四日の後祭の二回にわたって行われる祇園祭の山鉾巡行。全三十三基の山鉾が都大路を進む光景を見るため、毎年二十万人超の人々が訪れる。そんな一連の山鉾行事の主催および各山鉾町への支援を行っているのが、公益財団法人祇園祭山鉾連合会。その理事長を務める岸本吉博さんに、山鉾を鑑賞する上での基礎知識やポイントをうかがった。

四種に分けられる山鉾は神の依り代

――山と鉾は何が違うのですか。

二〇一八（平成三〇）年現在で、前祭二十三基、後祭十基の合計三十三基の山と鉾が巡行に参加しており、それらは大きく四種に分けられます［86～87頁］。鉾、山、その二つの中間的な存在である曳山、そして傘鉾です。

まず鉾は、中心にそびえ立つ真木と四つの車輪を持ち、囃子方を乗せ、引っ張って進みます。山は、原則として人が持ち上げて舁くことで動きます。曳山は、車輪を持ち囃子方を乗せるのは鉾と同じですが、真木ではなく真松を立てています。傘鉾は傘に垂りという装飾を施しているもの。これら四種を総称して山鉾と呼びます。

また、前祭・後祭ともに巡行の最後尾を進むのは、船鉾、大船鉾という船型の鉾。この二つについては真木を立てていません。厳密に言えば屋台という分類になるのかもしれませんが、祇園祭では古来、例外的に鉾として扱われています。かつては真木があったという記録も残っていますが、早い段階でなくなっている。なぜそうなったのか、今後調査を進めていくことで明らかになるかもしれません。

これらすべての山鉾に共通しているのが、神の依り代であること。神様といっても、人間に恵みを与えてくれる神もいれば、災いをもたらす神もいます。巡行はそうした荒ぶる神や怨霊を山鉾に集め、都大路を祓い清める役割を担っています。そのため、悪い神を集めた山鉾は巡行後すぐに解体されます。かつては毎年新しいものをつくっては壊していたのですが、それだと簡易なものから発展しない。やがて各町内が一つのテーマをもって山や鉾をつくり、少しずつ豪華な装飾を採り入れていったと考えられています。

能とともに発展してきた山鉾

――巡行を鑑賞する際に注目すべき箇所を教えてください。

各町内は山や鉾に古今東西の名品を飾って巡行します。まずは、そうした懸装品と呼ばれる絨毯や染織品などに注目していた

手前から長刀鉾、函谷鉾、月鉾の真木が見える。

だきたいのですが、ほかにも魅力的なものがたくさんあります。
　鉾の真木の先端に付けられた鉾頭（ほこがしら）は、各鉾の特徴を表していて個性豊かです。依り代でもある鉾は、神が降りてきやすいよう、真木を天に向けてできるだけ高く、そして先端には神が好むとされるキラキラした鉾頭を付けています。たとえば放下鉾の鉾頭は、太陽・月・星が下界を照らす様子を表しており、その形は、家紋の「洲浜紋（すはまもん）」に似ています。洲浜とは、入り組んだ浜辺のことで、鉾の題材である放下僧とは関係のない意匠に思えますが、神様は天から垂直に降りてくるだけでなく、水平にやって来るとも考えられており、その場合の依り代は海の浜。つまり洲浜です。この独特の形は垂直に加え、水平からの神も呼び込む、もう一つの依り代を表しているとも考えられます。このように、幾重にも意味が込められているものもあり、昔の町衆もそうした意味付けを見つけて楽しんでいたのかもしれません。

右／洲浜の形をしている放下鉾の鉾頭。
左／弁慶と牛若丸を乗せた橋弁慶山。

　巡行時には見えにくいこともあるかと思いますが、山や鉾は、シンボルであり、信仰の対象となっている人形や神仏を乗せています。鉾の天王人形、昇山の御神体人形、曳山の観音様など、これらは町衆にとって大切なものです。放下鉾の場合、真木の中ほどにある天王台に放下僧の天王人形をお飾りしています。普段は会所内の厨子（ずし）の中に安置していますが、鉾にお飾りする際もなるべく人目につかないよう布で覆いながら行っているほどなんですよ。
　また、山については、一つのテーマ性を持っているのが特徴です。橋弁慶山では弁慶と牛若丸、浄妙山では筒井浄妙と一来（いちらい）法師の名場面が、躍動感溢れる形で見事に表現されています。限られた舞台装置の中で、このような一瞬を切り取るセンスにも、当時の人々の知性を感じます。

――町衆の教養の高さを感じます。

　室町期から江戸期にかけて、京都には商工業の発展とともに全国各地から優秀な人が集まってきました。彼らは知性を重んじていました。その一例が能の影響です。室町期に観阿弥と世阿弥によって、当時は猿楽と呼ばれた能が誕生して人気を博しますが、じつは、山鉾と能は一体となって発展してきたと言っていいほど、密接な関係にあります。山鉾の装飾が豪華になっていく過程と能の発展が同時期であり、放下鉾の放下僧をはじめ、山鉾の題材には能の演目が多く用いられています。また、日本の祭囃子では一般に篠笛が使われることが多いのですが、祇園囃子では能管が使われています。当時の町衆が能を理解し楽しんでいたと考えられます。また、能と並んで中国の故事も題材に好んで取り上げられているので、漢籍への理解も深かったのではないでしょうか。現在では馴染みの少ない逸話も多いですが、当時の人たちにとっては一般的なものだったのでしょう。

発展の原動力は〝美〟の競争

――「動く美術館」とも称される山や鉾で

すが、海外でつくられた絨毯などがどうして京都に集まったのでしょうか。

巡行は神様と人がともに喜び楽しむ「神人和楽」の精神で行っています。神様に喜んでいただき、山や鉾に降りてきていただく。そして観る人々を楽しませるためには、豪華で珍しいものを飾り、楽しげな音曲を奏でるなど、山や鉾に寄って行きたいと思わせる工夫が必要でした。そのため、当時の人々は知恵とお金を使い、ヨーロッパや中東、インド、中国など、さまざまな国から色とりどりの名品を集めてきたのです。

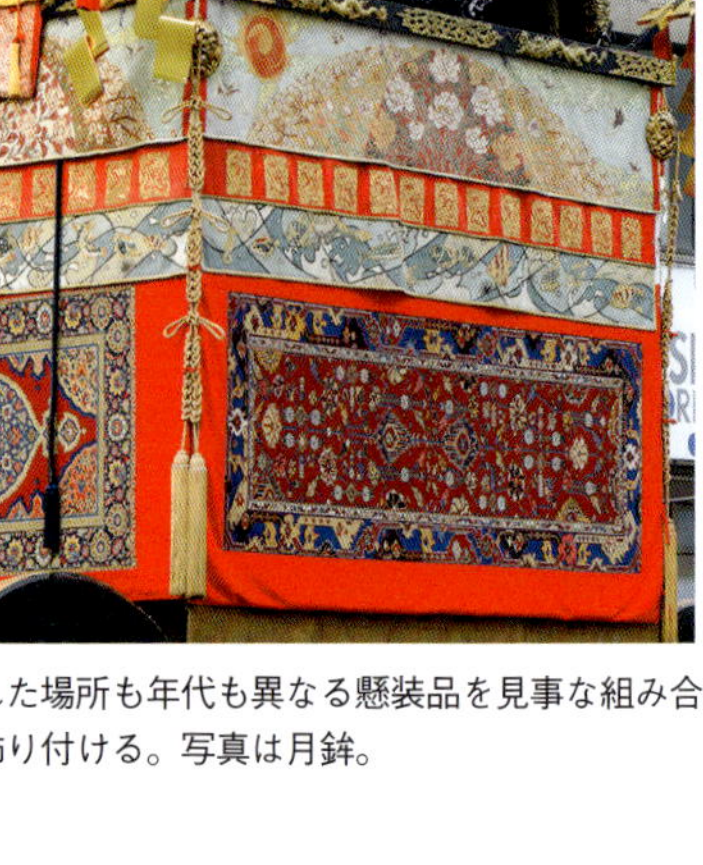

つくられた場所も年代も異なる懸装品を見事な組み合わせで飾り付ける。写真は月鉾。

生産地やつくられた時期がバラバラの品々ですが、あたかも初めから山鉾を飾るためにつくられたかのように、違和感なく懸装品へと昇華されています。数百年が経った現在でも鑑賞に堪える、当時の町衆のコーディネート能力の高さは驚くべきものです。こうした美的センスには、やはり山鉾町に呉服商が多かったことが影響していると考えられます。日常的に〝美〟を扱うことで磨かれた感覚、そして能や漢籍などを理解し楽しむ教養が、彼らにとっては非常に重要であり、懸装品を揃える祭りがそうした能力を示す格好の機会だったのではないでしょうか。

山鉾はそれぞれの町の保存会が管理運営しています。ほかの町よりも良い懸装品を飾りたいという気持ちが起こるのは当然で、その思いがそれぞれの個性を生み、貴重な懸装品を集めるなど、発展を遂げる原動力になりました。そして現在においても、良い意味でそうした気運は残っていて、祇園祭の発展を支えています。

また美術品だけでなく、建築や金工、漆工など、山鉾には京都で受け継がれてきたあらゆる工芸が凝縮されています。そして、人々の考え方や伝統、宗教まで、まさに京都の歴史そのものが詰まっていると言えるでしょう。

宵山で〝常着〟の姿に触れる

――巡行時とは異なった祇園祭の風情を感じることができる宵山。おすすめの楽しみ方を教えてください。

巡行前の三日間を総称して宵山と呼んでいます。何と言っても、各町内に建てられた山や鉾を間近に鑑賞できるのが最大の見どころだと思います。会所では、町それぞれが工夫を凝らした飾り付けを行っており、中には御神体人形を近くで見ることができる町も。いろいろ巡ってその違いを比べてみるのも楽しいでしょう。また、会所には町の人がいますので、分からないことや深く知りたいことがあれば、ぜひ声をかけて訊いてみてください。訪れる人とコミュニケーションがとれることは、町の人にとっても楽しみですし、何より勉強にもなります。

日が落ちると、各山鉾の前後に駒形提灯が灯され、鉾の上でお囃子の演奏が始まるなど、祇園祭ならではのゆったりとした雰囲気に包まれます。前祭では露店も出るので、休憩をとりながらゆっくり巡ってみてはいかがでしょうか。

――宵山でも山鉾の懸装品を鑑賞することができますか。

京都では着物を、外出するときの「よそ行き」と普段の服装である「常着（つねぎ）」に分けて考える習慣があります。山鉾の懸装品にもその考え方があてはまり、巡行時と宵山の期間中では異なる懸装品が懸けられます。巡行はハレの場ですので、やはり最高のものを。一方宵山では、宵山専用にあつらえたものや過去に使用していた懸装品など、町内によってさまざまなものを飾り、それらは「宵懸（よいがけ）」と呼ばれています。宵山でしか見ることのできない懸装品も多く、巡行のときと比較してみるのも楽しいと思います。

今も受け継がれる町衆の伝統

――山鉾の中に入って見学することはできますか。

宵山の期間中、上に登ることができる山鉾があります。拝観料をいただいていると ころや粽・手ぬぐいなどを購入された方に限っているところなど、各町でその条件は異なっています。興味を持たれた方は、ぜひ町の人に尋ねてみてください。一方で、山鉾の搭乗に制限を設けている町もあります。長刀鉾、放下鉾については男性のみの搭乗、北観音山は一般公開を行っていません。なぜこのような制限があるのか、とご質問をいただくことがあります。たとえば放下鉾の場合ですと、一九二九（昭和四）年まで、長刀鉾を除く鉾の中では一番最後まで生稚児を乗せていました。稚児は、祭りの期間中は男性だけが身の回りのお世話をする神の使いです。その神の使いがお乗りになる鉾には女性の搭乗を禁ずるという風習がありました。放下鉾ではその伝統を守り、今も男性のみの搭乗としております。

――山鉾行事は、国の重要無形民俗文化財に指定され、そしてユネスコ無形文化遺産に登録されています。行事にあたって気を付けていることなどはありますか。

宵山の期間中は上に登ることができる山や鉾も。写真は岩戸山。

千年以上続く山鉾行事を受け継いでいく際に、どの時代に基準を合わせ守っていくかということを検討した結果、現状に近い江戸時代末期の文化・文政年間（一八〇四〜三〇年）を基準にしています。それ以前では不明な部分が多く、分かる範囲で最大限さかのぼった結果、この時代の山鉾巡行という行事を守っていこうと。女性が鉾に登れないなど、現代の感覚では理解しづらい部分があるかもしれません。しかし、現代に合うかどうかではなく、過去にこのような行事・習慣があったという事実を理解していただくため、祇園祭は文化財に指定・登録されたと思います。なぜこんなことをしているのか、なぜこんなしきたりが残っているのかと、さまざまな疑問を持っていただき、そこから祇園祭や京都の文化、日本の歴史へと関心を広げていくきっかけになれば嬉しいですね。

個人的には、開放的なところも閉鎖的なところも、いろいろな山鉾があっていいと考えています。古いものを守ることも大切ですし、時代とともに新たに変化をしていくことも重要です。京都は常に伝統と革新の調和を図りつつ発展してきました。祭りを通して京都の町衆が受け継いできた文化をぜひ感じていただきたいと思っています。

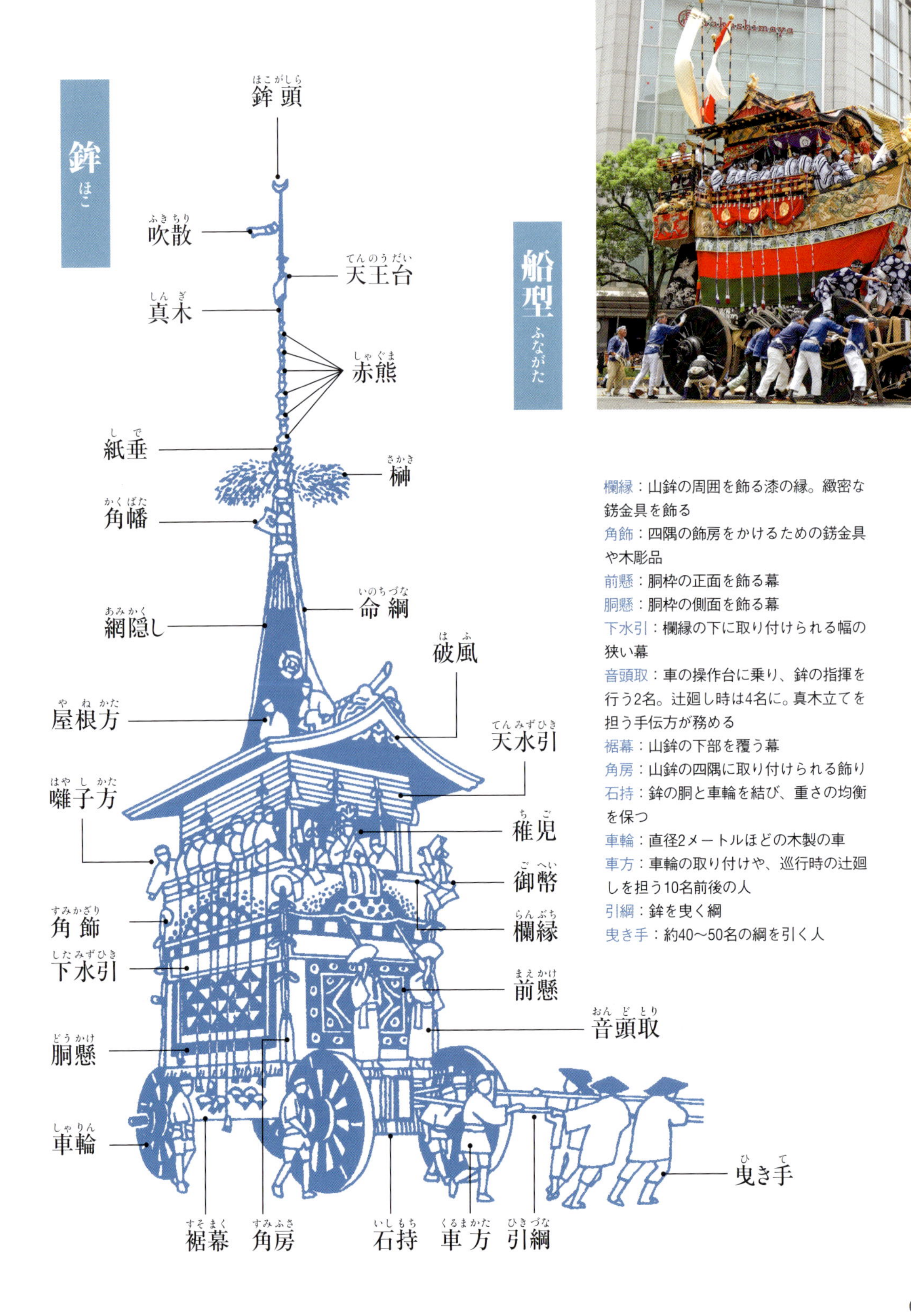

欄縁：山鉾の周囲を飾る漆の縁。緻密な錺金具を飾る

角飾：四隅の飾房をかけるための錺金具や木彫品

前懸：胴枠の正面を飾る幕

胴懸：胴枠の側面を飾る幕

下水引：欄縁の下に取り付けられる幅の狭い幕

音頭取：車の操作台に乗り、鉾の指揮を行う2名。辻廻し時は4名に。真木立てを担う手伝方が務める

裾幕：山鉾の下部を覆う幕

角房：山鉾の四隅に取り付けられる飾り

石持：鉾の胴と車輪を結び、重さの均衡を保つ

車輪：直径2メートルほどの木製の車

車方：車輪の取り付けや、巡行時の辻廻しを担う10名前後の人

引綱：鉾を曳く綱

曳き手：約40〜50名の綱を引く人

曳山 ひきやま

鉾頭：真木の先端に取り付けられる各鉾のしるし
吹散：鉾頭の付近に付けられる長方形の旗
天王台：天王人形を飾る台座
真木：鉾の中心に立つ柱。上方は竹製
赤熊：真木に付けられる藁縄の飾り
紙垂：榊に飾られる御幣。鉾により形状が異なる
榊：真木の中心に飾られる葉
角幡：真木や榊に付けられる正方形に近い旗
網隠し：真木とそれを支える柱を隠す緋羅紗の覆い
命綱：巡行中に屋根方が持つ綱
屋根方：屋根の上に乗り電線などの障害物を避ける役割を持つ4名。鉾の床や柱を建てる大工方が務める
破風：屋根の切妻に付けられた装飾の板
天水引：軒下に取り付けられる幅の狭い幕
稚児：神の使いとされる男児。長刀鉾以外は人形が乗る
囃子方：笛・鉦・太鼓からなる、20～80名の演奏役
御幣：細長い木に紙をはさんで垂らしたもので、清浄な空間を表す

舁山 かきやま

真松：鉾の真木にあたるもので、松が使われることが多い
朱大傘：朱色の妻折傘
御神体（人形）：山の主題を表す人形
見送：後懸の上から懸けられる幕
担棒（轅）：山を舁くために付けられる平行な棒
山廻し（頭領）：辻廻し時の指揮を執る人
舁き手：山を担ぐ約20名の人

傘鉾 かさほこ

column 6
祭を担う

超絶技巧を駆使 下水引幕の「復元新調」

——龍村美術織物

一九八二（昭和五七）年以降、祇園祭で盛んに行われている懸装品の「復元新調」とは、往時の姿に極力近づけて新しく仕立てること。復元新調の工程とは一体どんなものなのか？ その実際を教わるべく、現在、放下鉾の下水引幕の復元新調に取り組んでいる龍村美術織物の工房を訪ねた。

往時の姿を探り、原品を詳細に調査

放下鉾の下水引「琴棋書画図」は、与謝蕪村の下絵をもとにした総刺繍の逸品。四面ある幕を八～十年かけて復元新調する計画だ。龍村美術織物は一八九四（明治二七）年に創業し、古裂の研究・復元に力を注ぎ「美術織物」の分野を確立。山鉾の懸装品も数多く手掛けてきた会社だ。

「復元新調では欠けたところは補い、褪色部分は元の鮮やかな色にする。そこでまず重きを置くのが原品調査です」と制作部長の谷口仁志さん。ぱっと見では分かりづらい修復の跡も、ルーペを当てて綿密に調査する。今回は糸の剥落や修理の跡などのほか、糸の上から施された墨や彩色の箇所が発見された。

上／部分の試作。葉や花弁は綿布を台に縁をこよりで盛り上がらせた肉入刺繍で、金の地繍に駒繍で付けられている。下／金糸で地繍を施す京繍伝統工芸士・内田暁さん。麻の生地は非常に硬く、着物刺繍とは桁違いの指の力が要る。

放下鉾下水引「琴棋書画図」の四面中の二面。1779（安永8）年の作で下絵は与謝蕪村、繡師は松田佐兵衛。蕪村では珍しい南画風のモチーフだが、衣服の描線など日本らしい柔らかな趣が随所に。

「墨付けは陰影を出すため、彩色は褪色を隠すために、おそらくかつて町内の方がされたのでしょう」

復元新調で同じように墨を施すのか、黒糸を繡いで加えるか、あるいは何もしないのか。それぞれの見本をつくり「検討委員会」で議論しているという。検討委員会とは各山鉾町の役員、祇園祭山鉾装飾品等専門委員、京都府・市の文化財保護課、山鉾連合会の担当役員など十数名で構成される組織。織物会社は製作にあたり、調査結果に加え、往時の糸の色を想定し欠落部分も補ったイメージ図案を委員会に提出する。「長年見慣れたものと違う姿に、町内の方が驚かれることも。とくに色合いは難しいところです」

今回は蕪村の下絵が現存しないため、雲や岩山といった類似のモチーフが描かれた蕪村の他作品も参考に図案を作製した。「刺繡ではどうしても輪郭線がゆるむのですが、委員会から『蕪村の描く岩と少し雰囲気が異なる』と指摘を受けまして。当初目指したであろう、ある程度エッジの利いた造形を検討しました」

技巧と知識を投じ、二百余年前の幕を再現

イメージ図案が固まると、いよいよ製作の開始。今回繡師には占出山や北観音山などの精緻な刺繡幕の実績を持つ、京繡伝統工芸士・内田暁さんが選ばれた。今回の下水引について内田さんは「中国的・男性的な表現と日本的・女性的な柔らかい線とを巧みに表現。太い糸が多く使われているわりに、輪郭がきちんと出ているところに高い技術を感じます」と話す。

製作のはじめには部分の試作をして委員会にはかり、承認を得て徐々に本繡いへと移行していく。刺繡糸の専門店に依頼して染めた糸を、繡師は部分に応じた太さに撚り合わせて、繡いを進めていく。途中委員が工房に足を運んで確認し、製作は慎重に進められる。

「町の強い想いに応えるにはものに対する敬意はもちろん、その時代の美意識や風俗への理解が必要だと思っています。例えば女性の顔の趣や好みも時代ごとに異なります。現代の先入観をできるだけ排除し、当時の人が表現しようとしたものに近づけたらと」。事前にできうる限り蕪村の資料にも当たったという内田さんは今、毎日最低十〜十二時間針を動かす。一枚が仕上がるまでに一年から二年。「博物館にあってもおかしくないほどの作品をそばに置き、仕事ができるのは本当にありがたいこと」。

ひたむきに力を注ぐ人達が、町の宝を繋いでいる。

星座に菊、雁、馬、雲……多彩な意匠が凝らされ、山鉾を華麗に彩る錺金具。右頁は上から時計回りに長刀鉾 天井金具、函谷鉾 柱金具、芦刈山 角房金具、橋弁慶山 角房金具、菊水鉾 柱金具。左頁は月鉾 虹梁金具、北観音山 柱金具、鯉山 見送掛鳥居 出八双金具、霰天神山 角房金具。

前祭の山鉾

七月十七日に行われる前祭山鉾巡行。
長刀鉾の稚児によって結界を意味する注連縄が切られ、
鉾の上から奏でられる祇園囃子の音色に包まれながら、
二十三基の山鉾が、次々に都大路を進んでゆく。

P. 094

長刀鉾

P. 096

函谷鉾

P. 098

鶏鉾

P. 100

菊水鉾

P. 102

月鉾

P. 104

放下鉾

P. 106

船鉾

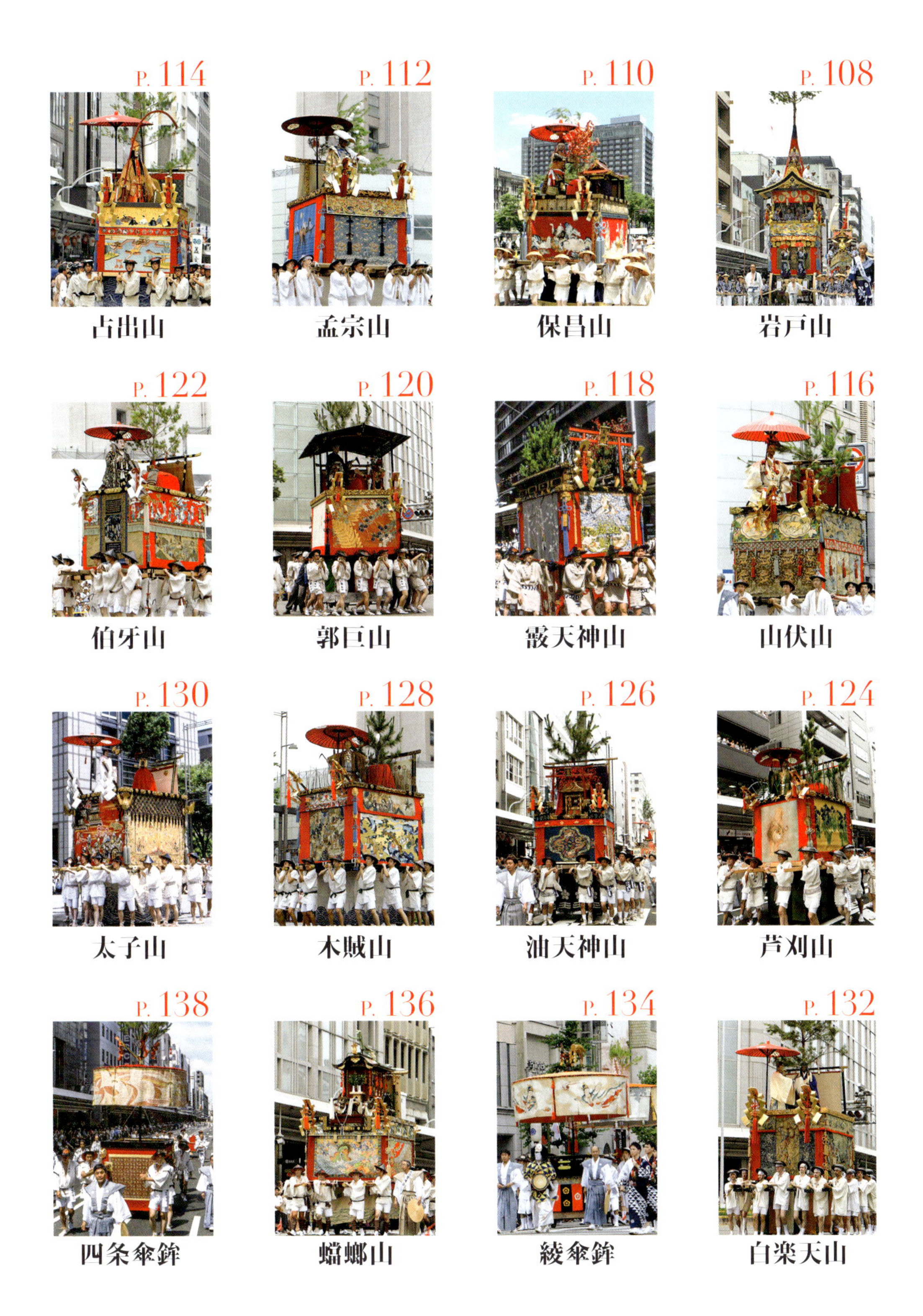
P. 108
岩戸山
P. 110
保昌山
P. 112
孟宗山
P. 114
占出山
P. 116
山伏山
P. 118
霰天神山
P. 120
郭巨山
P. 122
伯牙山
P. 124
芦刈山
P. 126
油天神山
P. 128
木賊山
P. 130
太子山
P. 132
白楽天山
P. 134
綾傘鉾
P. 136
蟷螂山
P. 138
四条傘鉾

長刀鉾

なぎなたほこ

疫病邪悪を祓う長刀を掲げ
常に巡行の先頭を進む

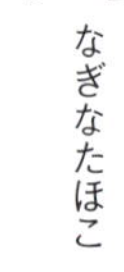

●京都市下京区四条通烏丸東入ル長刀鉾町
●天王人形「和泉小次郎親衡」
●生稚児
●御利益　厄除け・疾病除け

鉾頭に三条小鍛冶宗近（＊1）作の大長刀（現在は複製品）を付けることからこの名で呼ばれる。巡行路を祓い清める役割を担う生稚児を唯一乗せることでも知られ、長刀鉾稚児による「注連縄切り」は、巡行のハイライトの一つだ。

懸装品でまず注目したいのが鉾の左右に付けられる胴懸。玉になった雌雄の獅子から子獅子が生まれる中国の伝説を描き、子孫繁栄を願った絨毯「玉取獅子の図」［50頁］、唐代に流行した空想上の植物の文様・宝相華の意匠に魔除けのシンボル〝卍〟をあしらった絨毯などがある。多くが十六〜十八世紀に中国やペルシャで製造された絨

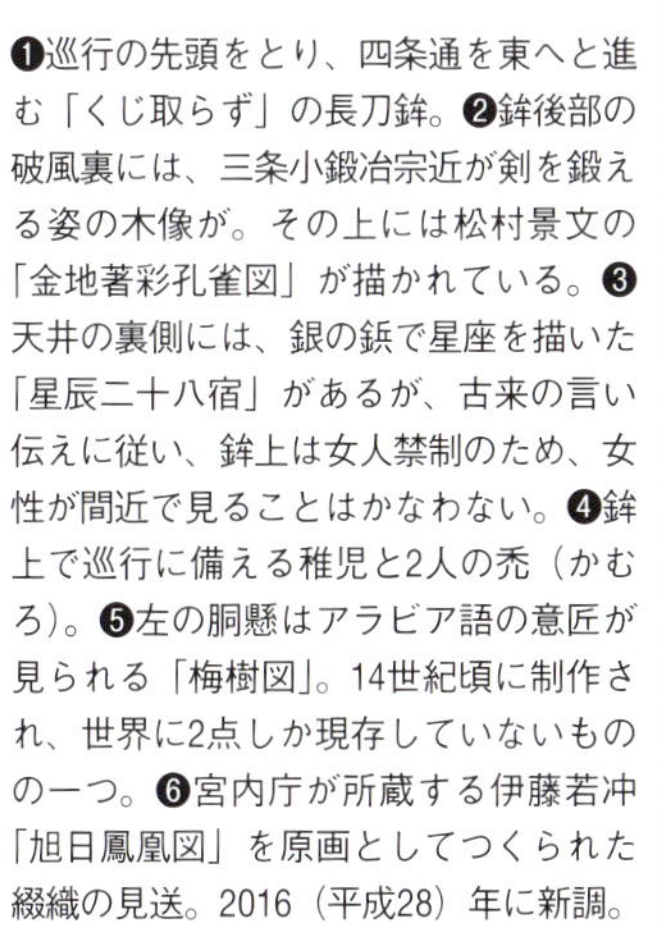

❶巡行の先頭をとり、四条通を東へと進む「くじ取らず」の長刀鉾。❷鉾後部の破風裏には、三条小鍛冶宗近が剣を鍛える姿の木像が。その上には松村景文の「金地著彩孔雀図」が描かれている。❸天井の裏側には、銀の鋲で星座を描いた「星辰二十八宿」があるが、古来の言い伝えに従い、鉾上は女人禁制のため、女性が間近で見ることはかなわない。❹鉾上で巡行に備える稚児と2人の禿（かむろ）。❺左の胴懸はアラビア語の意匠が見られる「梅樹図」。14世紀頃に制作され、世界に2点しか現存していないものの一つ。❻宮内庁が所蔵する伊藤若冲「旭日鳳凰図」を原画としてつくられた綴織の見送。2016（平成28）年に新調。

毯だ。巡行には複製品が用いられるが、いずれも実物は会所飾りで目にすることができるだろう。

また、著名画家の手による懸装品も多い。伊藤若冲（＊2）の原画を用いた見送、上村松篁（＊3）の下絵による前懸、松村景文（＊4）の筆になる屋根裏に描かれた孔雀や鶴などの「金地著彩百鳥図」［63頁］などの名品が揃う。

＊1　三条小鍛冶宗近（さんじょうこかじむねちか）
生没年不詳。平安時代の刀工。謡曲「小鍛冶」では、一条天皇の宝刀「小狐丸」を鍛えたことが謳われている。

＊2　伊藤若冲（いとうじゃくちゅう）
一七一六～一八〇〇。京都・錦市場の青物問屋の長男として生まれ、四十歳で家督を弟に譲り絵師となった。「奇想の画家」とも呼ばれる。

＊3　上村松篁（うえむらしょうこう）
一九〇二～二〇〇一。近代美人画の大家・上村松園の長男として京都で生まれる。花鳥画の第一人者として活躍した。

＊4　松村景文（まつむらけいぶん）
一七七九～一八四三。異母兄の四条派の祖・呉春に師事する。京都・四条界隈に住み、天台三門跡の一つで知られる妙法院に出仕した。

函谷鉾

かんこぼこ

復興を機に稚児人形を乗せた鉾
重要文化財の前懸は山鉾最大級

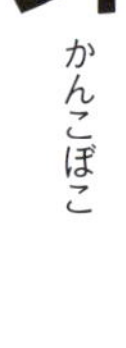

斉の孟嘗君が、命を狙われ自国へ逃れる際、家来に鶏の声をまねるよう命じ、深夜の函谷関を開けさせたという中国の故事「鶏鳴狗盗」にちなむ。鉾頭の三日月と山は夜を表し、天王台には孟嘗君が据えられ、その下に雌雄の鶏が置かれている。鉾は一七八八（天明八）年に起こった天明の大火によって焼失したが、一八三九（天保一〇）年に再興。その際に鉾では初めて、これまでの生稚児に代わり稚児人形を乗せた。京都仏師の名家・七条左京家の手による人形は、当時稚児になる予定だった公家の一条実良をモデルにし、その父・一条忠香によって「嘉多丸」と命名された。

- 京都市下京区四条通室町東入ル函谷鉾町
- 天王人形「孟嘗君」
- 稚児人形「嘉多丸」
- 御利益　厄除け・疾病除け

前懸は、十六世紀にベルギーでつくられたゴブラン織「イサクに水を供するリベカ」。祇園祭で使用される前懸では最大級の大きさを誇り、重要文化財に指定されている。ほかにも、十七世紀につくられた三枚の胴懸や、狩野探幽（＊1）作「飛鶴図」をもとにした天井幕などを所蔵する。

＊1　狩野探幽（かのうたんゆう）一六〇二～一六七四。江戸時代初期に活躍した狩野派の絵師。幕府の御用絵師となり、江戸城や二条城、名古屋城などの城郭、大徳寺や妙心寺などの仏閣の障壁画を手掛けた。

＊2　今尾景年（いまおけいねん）一八四五～一九二四。明治から大正期に活躍した四条派の日本画家。京都生まれ。花鳥画を得意とし、国内外の博覧会で数多くの賞を受賞した。

❶函谷鉾町は南に松平阿波守の屋敷、北に豪商・鴻池家の宅地があったことで、住人も少なく、稚児を出すのに苦労していた。復興時に役人に訴え、生稚児をやめ、人形設置の許可を得た。❷軒裏に描かれた鶏などは、日本画家・今尾景年（＊2）の筆。❸本金箔の紋織地に刺繡で鶴を描いた天井幕は、2016（平成28）年に新調。❹「くじ取らず」の函谷鉾は、常に巡行の5番目を進む。❺町内の商人・沼津宇右衛門が寄贈した前懸「イサクに水を供するリベカ」。かつてオランダ商館長が徳川家光に献上したものと伝わる。❻鉾に華を添える3種の胴懸。左から、朝鮮段通「梅に虎文」、ペルシャ絨毯「赤地花唐草文」、中国段通「玉取獅子文」。

鶏鉾

にわとりほこ

平和を希求する鶏の意匠と素材感豊かな東西の幕が競演

●京都市下京区室町通四条下ル鶏鉾町
●天王人形「住吉明神」
●稚児人形　無名
●御利益　厄除け・疾病除け

①

鉾の由来には二説あり、広く知られるのが中国の史話「諫鼓（かんこ）」に取材したというもの。古代中国の王・堯（ぎょう）の時代、不満がある者が叩くことになっていた太鼓に、平和な世が続くあまり鶏が巣くったという。もう一説は、日本神話の天岩戸（あまのいわと）伝説にちなむ。岩に隠れた天照大神（あまてらすおおみかみ）を呼び出すため鳴かせた長啼鳥（ながなきどり）に由来するというものだ。いずれにせよ世の平和に縁深い鶏をモチーフにした鉾で、大屋根には鶏の彫刻が、稚児人形の天冠には鶏の精緻な錺（かざ）りが見られる。

希少性で見逃せないのは十六世紀後半ベルギー製のタペストリーを使った見送［51頁］。近年復元新調された際には、もともとセットだと考えられ保存状

❶江戸末期から明治にかけて活躍した人形師・山口源ノ光好作の稚児人形が乗る。❷稚児人形の天冠の中央には雄鶏の錺りが付く。❸2017（平成29）年に復元新調した下河辺玉鉉（＊4）下絵の天水引「金地日輪瑞雲麒麟図」。❹下水引は呉春下絵の「唐宮廷楼閣人物図」。二番水引は松村景文下絵の「緋羅紗地百蝶文様」。三番水引は円山応挙下絵と伝わる綴織「四季花籠図」。その下の胴懸「大斜格子草花文様」は18世紀後半インド製作の絨毯を近年復元新調した。❺破風下には岸駒（＊5）の下絵による雌雄の鶏の木彫が。❻叙事詩『イーリアス』の「出陣するヘクトールと妻子の別れ」を描いたベルギー製毛綴の見送は2003（平成15）年に復元新調。

態の良かった旧加賀前田藩が所有していたタペストリーの実物を見に行き、色の再現などを検討した。そのほか円山応挙（＊1）・呉春（＊2）・松村景文（＊3）など京絵師の下絵による水引や、インド絨毯の胴懸など見応えのある懸装品を数多く所有している。

＊1　円山応挙（まるやまおうきょ）
一七三三〜一七九五。江戸中期から後期に活躍した絵師。丹波国生まれ。京都画壇で今も続く円山派の祖として知られる。

＊2　呉春（ごしゅん）
一七五二〜一八一一。江戸後期の画家・俳人。四条東洞院に住んだことから、一派は四条派と呼ばれた。姓は松村。与謝蕪村に南画を学び、のち円山応挙の影響を受け、両者の詩情性と写実性を合わせた新様式を確立した。

＊3　松村景文［95頁］

＊4　下河辺玉鉉（しもかわべぎょくげん）
生没年不詳。京絵師。鶏鉾町内に住んでいたとされる、土佐光貞の門人。円山派の影響が見られる。

＊5　岸駒（がんく）
一七四九／一七五六〜一八三八。江戸後期の絵師。円山応挙らとともに宮中の障壁画の御用を務めた。岸派の祖。筆法鋭い写実的描写による動物画に優れた。

前祭

菊水鉾

きくすいほこ

近現代の京都の技と粋が集結
次代へ宝を継ぐ「昭和の鉾」

● 京都市中京区室町通四条上ル菊水鉾町
● 天王人形「彭祖」
● 稚児人形「菊丸」
● 御利益　不老長寿・商売繁盛・厄除け・疾病除け

名の由来は、かつて町にあり、茶人・武野紹鷗も愛した名水「菊水の井」。鉾は謡曲「菊慈童」に取材し、菊の葉からしたたる露を飲み長寿を保ったという童子の姿をかたどった稚児人形が乗る。一八六四（元治元）年の元治の大火で鉾が焼失。一時は再建を断念し、懸装品の多くを北隣の山伏山に寄付し居祭を続けていたが、一九五二（昭和二七）年に仮鉾で巡行に参加、翌年鉾を再建し本格復帰した。

鉾の装飾には、山鹿清華（＊1）、皆川月華（＊2）・泰蔵（＊3）ら昭和を代表する京都の美術・工芸家が力を注いで年々壮麗さを増し、さらに再建六十年を機に二〇一三（平成二五）年から前懸・胴懸・後懸と四方の

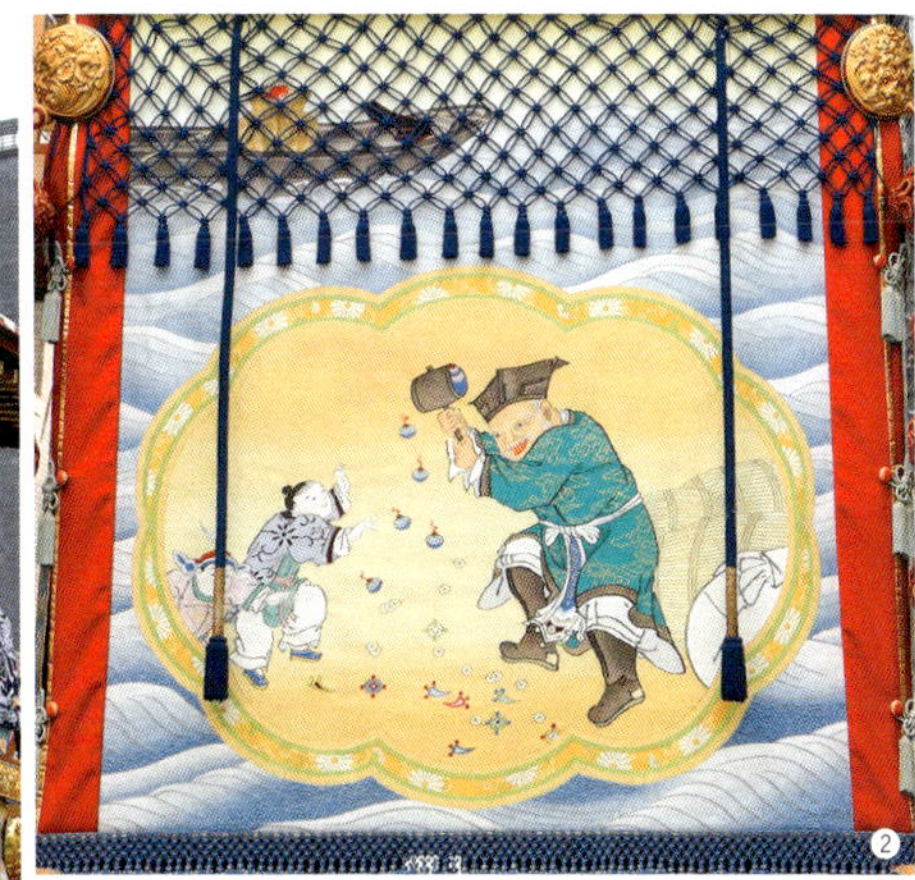

❶唐破風の大屋根は祇園祭の鉾では唯一。軒下には瀟洒な御簾（みす）を掛ける。❷「七福神図巻」をモチーフに新調された幕の一つ、前懸「ゑびす神と大黒天」。❸能「菊慈童」の舞姿をした稚児人形「菊丸」。1956（昭和31）年、京都の人形作家・面竹正太郎の作。❹軒下の鳳凰の木彫は、1999（平成11）年に北海道出身の木彫家・仏師の海老名峰彰さんが制作。❺大分県出身の日本画家・岩澤重夫の原画による綴織の見送「深山菊水図」は1990（平成2）年の新調品。

幕を新調。古くは「夷三郎町（えびすさぶろう）」と呼ばれた町内に夷像が祀られていたことにちなみ、狩野岑信（＊4）筆の「七福神図巻」をモチーフとした晴れやかな綴織を仕立てた。水引には、現在山伏山が所有する江戸期作の七宝編み組紐の意匠を、先人への感謝を込めて採用している。

＊1　山鹿清華（やまがせいか）
一八八五〜一九八一。京都出身の染織美術家。文化功労者。当時の図案家の第一人者・神坂雪佳に師事し、明治末期〜大正期頃、関西図案会・新工芸院・京都図案家協会などの創立に尽力した。

＊2　皆川月華（みながわげっか）
一八九二〜一九八七。京都出身の染色作家。友禅に洋画手法を応用した技法「染彩」を確立した。菊水鉾をはじめ郭巨山、月鉾など祇園祭の懸装品を数多く手掛けた。

＊3　皆川泰蔵（みながわたいぞう）
一九一七〜二〇〇五。京都出身の染色作家。皆川月華の長女と結婚し、皆川姓に。終戦後から日本の民家や神社仏閣、庭園をテーマに制作。義父とともに祇園祭の懸装品に多く携わった。

＊4　狩野岑信（かのうみねのぶ）
一六六二〜一七〇九。江戸前期の画家。狩野派の絵師として、六代将軍・徳川家宣の寵遇を受けた。

月鉾

つきほこ

最大規模の全長・重量を誇る
贅を尽くした装飾・懸装品に注目

●京都市下京区四条通新町東入ル月鉾町
●天王人形「月読尊」
●稚児人形「於菟麿」
●御利益　厄除け・疾病除け

天王台に月読尊(つくよみのみこと)を祀り、新月型の鉾頭を乗せる、月にちなんだ鉾。一五七三(元亀四)年に大錺屋勘右衛門(おおかざりやかんうえもん)が手掛けたことを示す銘が刻まれた鉾頭を所蔵しているが、一九八一(昭和五六)年からは十八金製のものを付けて巡行を行っている。かつてはほかの鉾と同様に生稚児を乗せていたが、一九一二(明治四五)年より稚児人形「於菟麿(おとまろ)」を乗せるようになった。

山鉾の中で最大規模の全長・重量を誇る鉾は、華麗な装飾や懸装品を揃える。時計草などを表した緻密な破風の金具や左甚五郎(*1)作と伝わる破風蟇股(かえるまた)の兎の彫刻、そして円山応挙(*2)の筆になる屋根裏の「金地著彩草花図」[60頁]、天井軒裏の「源氏五十四帖扇面散図」など、いずれの装飾も豪華絢爛だ。また会所飾りでは、十七世紀前半のインド段通の前懸をはじめ、皆川月華(*3)作の見送、円山応震(*4)の下絵による天水引など、見応えのある懸装品が並ぶ。

*1　左甚五郎(ひだりじんごろう)生没年不詳。江戸初期に活躍したと伝わる彫刻職人。日光東照宮をはじめ、全国各地に作品が残っているが、活躍した年数や作品数から、当時の職人の代名詞的な呼称と考えられている。
*2　円山応挙［99頁］
*3　皆川月華［101頁］
*4　円山応震(まるやまおうしん)一七九〇～一八三八。円山応挙の次男・木下応受の子。円山派の三代目となり、人物・山水・花鳥を得意とした。
*5　松村景文［95頁］

❶兎の彫刻の下の破風飾には、松村景文（＊5）の下絵による軒桁貝尽しの錺金具が。海亀の甲羅には星図が描かれている。❷かつては「かつら男（を）鉾」と呼ばれていた月鉾。❸孔雀をあしらった金の天冠を被る稚児人形「於菟麿」。❹新月型の鉾頭と、1835（天保6）年に制作された角飾房掛具「蝙蝠桃霊芝文様木彫漆箔」。❺前懸「メダリオン中東連花葉文様」。巡行には2010（平成22）年より復元新調されたものが飾られる。❻町内に住んでいた富豪・岩城九右衛門宗康の筆による、天井裏の「金地著彩源氏五十四帖扇面散図」。1835（天保6）年の作。

放下鉾

ほうかほこ

古今東西の名品が彩る 三光を放つ鉾上で稚児人形が舞う

●京都市中京区新町通四条上ル小結棚町
●天王人形「放下僧」
●稚児人形「三光丸」
●御利益　厄除け・疾病除け

街角で芸を披露しながら辻説法を行った放下僧を天王台に祀る。鉾頭は日・月・星の三光が下界を照らす様子を表し、その形が、曲線を描いて洲が出入りしている浜辺を表す洲浜に似ていることから「すはま鉾」とも呼ばれる。一九二九（昭和四）年からは生稚児に代わり稚児人形を乗せる。伊勢神宮祭主や貴族院議員などを務めた久邇宮多嘉王によって名付けられた「三光丸」は、巡行中三人の人形方が操り、羯鼓を叩き稚児舞を披露する。明治中期に天井や屋根、柱などの大改修を行った。

壮麗な懸装品・装飾品を多く所蔵しており、玉取獅子や鳳凰をあしらった朝鮮毛綴の胴懸や

❶1917（大正6）年、京都画壇の巨匠・幸野楳嶺（＊2）の図案からつくられた破風妻飾「木彫彩色丹頂鶴の図」。❷鳳凰を前立ちとした天冠を着け、鉾上で舞を舞う稚児人形「三光丸」。❸2011（平成23）年新調の天井幕「四季草花図」。描かれた花は絵師・柴田是真（＊3）の原画を組み合わせたもの。❹「くじ取らず」の放下鉾は、巡行では最後から3番目を進む。❺夕闇のイスラム寺院とフクロウを描いたろうけつ染めの見送「バグダッド」。裾房金具もフクロウの意匠。❻1779（安永8）年制作の下水引「琴棋書画図刺繡」。下絵は与謝蕪村（＊4）が手掛けた。

後懸［48頁］、インド絨毯の前懸「メダリオン中東連花葉文様」など、かつて巡行時には十六〜十七世紀に制作された名品を用いていた。現在はトルコやインド、コーカサスなどで織られた絨毯を掛けている。また、一九八二（昭和五七）年には、見送を皆川泰蔵（＊1）作の「バグダッド」に変更した。

＊1　皆川泰蔵［101頁］

＊2　幸野楳嶺（こうのばいれい）
一八四四〜一八九五。日本画家。京都・新町四条の金穀貸付業を営む町奉行の家に生まれる。円山派や四条派の作風を受け継いだ。

＊3　柴田是真（しばたぜしん）
一八〇七〜一八九一。幕末から明治期にかけて活躍した、江戸生まれの絵師・漆工家。絵画・工芸の枠組みを超えた活動を展開した。

＊4　与謝蕪村（よさぶそん）
一七一六〜一七八四。江戸中期に活躍した俳人・画家。俳画の完成者としても知られる。

船鉾

ふねほこ

四柱の御神体が乗る前祭の殿（しんがり）
豪壮な出陣の船

- 京都市下京区新町通綾小路下ル船鉾町
- 御神体「神功皇后・住吉明神・鹿島明神・安曇磯良」
- 御利益　安産・厄除け・疫病除け

新羅へ出陣した神功皇后（＊1）の説話が主題。御神体として皇后とその守護の住吉明神・鹿島明神・安曇磯良（あずみのいそら）を祀る。皇后が懐妊中に出陣し凱旋の帰路で無事出産したことから安産の御利益があるとされ、巡行時には御神体像に多くの腹帯を巻き、巡行後希望者に授与する。皇后像の御神面は能面が誕生する以前の作でとくに貴重。屋形の中に皇后像、その真後ろに鹿島明神が祀られ、安曇磯良は海神の宝器であり海流を操るという宝珠を持って船首に立ち、住吉明神と向き合う。

船鉾のモデルとなったのは、室町期から江戸期にかけて瀬戸内などの水軍が用いた安宅船（あたけぶね）と

❶鉾の後方には、帆柱をイメージした旗竿を3本立てて巡行を行う。❷航海を安全に導くとされる、巨大な木彫の鷁を舳先に乗せる。1760（宝暦10）年の作。❸屋形の天井には、金地に20種もの草花が描かれており、内部にまで贅が尽くされている。❹会所では、神功皇后・住吉明神・鹿島明神・安曇磯良の4柱の御神体が並ぶ。❺黒漆塗の厚板を使った大舵は、青貝の螺鈿細工でそれぞれの側面に上向き・下向きの飛龍が描かれた1792（寛政4）年の傑作。迫り出した艫櫓の欄干には7頭の飛龍の丸彫が舞う。

言われるが、戦とは縁遠い文化・文政期の生活の中で、町衆は軍船らしさの保持よりも祭りで映える装飾を求め奔放に鉾の美化を進めた。その結果、船首の鷁（げき）〔54頁〕や後方の艫櫓（ともやぐら）を加え、大舵に絢爛な螺鈿細工が施されるなど、装飾性を重視した独特のパーツを有するようになった。船鉾だけあって、飛龍や龍、波などの水にまつわるモチーフが数多く装飾されている。

＊1　神功皇后（じんぐうこうごう）
『古事記』などに登場する皇后。夫である仲哀天皇の急死後熊襲（くまそ）を討伐し、さらに妊娠中にもかかわらず朝鮮半島に出兵して、朝貢の約を取り付けたと伝わる。

岩戸山

いわとやま

神々の二つの物語を乗せる前祭唯一の曳山

●京都市下京区新町通仏光寺下ル岩戸山町
●御神体「伊奘諾尊・天照大神・手力男命」
●御利益　開運・厄除け・疫病除け

『古事記』『日本書紀』に記された二つの神話に由来する。御神体は神話「国生み」に登場する伊奘諾尊と、「天の岩戸」に登場する天照大神・手力男命。かつては「国生み」と「天の岩戸」のそれぞれを主題とする山が巡行したと伝わるが、ときを経て二つが合わさり現在の形になったという。かつて手力男命は天の岩戸を模した板を持っていたという記録があるが、現在では残っていない。もとは屋根がなく舁山のような姿だったが、天明の大火からの復興を機に大屋根を造る大改革が行われた。伊奘諾尊像が大屋根の上に立つ姿が特徴的で、天瓊矛の先から雫に見立てた玉を垂らして「国生み」の一場面を再現している。

屋根の細部にまで施された装飾は必見。左右の軒板には今尾景年（＊1）による「草花図」が、前後の軒板には中島華鳳（＊2）作の躍動的に舞うセキレイが描かれ、師弟の作が競演している。妻飾鱗板には素戔嗚尊や八岐大蛇の彫刻が施された。随所に神話に関するモチーフが見られる。

＊1　今尾景年［96頁］
＊2　中島華鳳（なかじまかほう）一八六六～没年不詳。円山派の絵師。今尾景年に師事し、主に花鳥画や山水画を描いた。

❶軒裏の絵はすべて今尾景年が描く予定だったが志半ばで亡くなった。その後、弟子の中島華鳳が遺志を継いで描き上げた。❷肌は黒く目は金色に輝く伊奘諾尊像。❸左右の胴懸と後懸は花文様の段通で統一されている。二番水引「緋羅紗地宝相華文」は2005（平成17）年に復元新調。金糸が錆びて変色していた花文様には、プラチナの糸を用いて褪色防止の工夫が施された。❹芦の葉が複雑に交わる意匠が見事な前柱の彫金細工。❺屋根の上の伊奘諾尊に対し、天照大神と手力男命の2体の御神体は山に乗せた鳥居の後ろに並んで安置される。

保昌山

ほうしょうやま

●京都市下京区東洞院通松原上ル燈籠町
●御神体「平井保昌」
●御利益　縁結び・盗難除け・厄除け・疾病除け

円山応挙下絵の前懸「蘇武牧羊図」が彩る保昌山。真松には恋愛成就を願う絵馬が。

平安期の貴族で歌人の平井（藤原）保昌が主題。かねてより恋心を募らせていた女官（のちに妻となる和泉式部）に頼まれ、宮中の紫宸殿の庭に咲く梅をこっそり取りにいく場面を表している。明治初年まで「花盗人山」とも呼ばれた山は、このエピソードから今では恋愛成就、縁結びの御利益で人気に。御神体の頭は一五〇〇（明応九）年作で、天明の大火に遭うも助け出された貴重なものだ。

懸装品には江戸中期の逸品が多く残されている。その中でも注目したいのが円山応挙（＊1）の下絵による前懸と胴懸［59頁］だ。昭和末期から平成期にかけ復元新調されたが、古

❶1798（寛政10）年作の見送「寿星図」は、2003（平成15）年に復元新調され、鮮やかな後ろ姿に。❷普段は見送に隠れて見えない後懸は、墨で描かれた龍。円山応挙の弟子の筆という説も。❸明代の文官・武官の服が縫い合わされ水引4枚に。「波濤に鳥文様」の緻密な刺繡には孔雀の羽も縫い込まれている。❹檜皮葺風に漆塗が施された紫宸殿を飾り、縁結びのお守りや手ぬぐいが授与される会所。❺平井保昌像。天明の大火で頭と脛当てが難を逃れ、ほかは後年補作された。

いものと屏風装された下絵現物は会所飾りで拝むことができる。また福禄寿や弁財天、唐子などが賑やかに描かれた綴錦の見送「寿星図」［53頁］や、絽刺風刺繡が施された中国・明代の官服を二十四枚も縫い合わせた水引など、精緻な技巧が施された品々も見もの。

＊1　円山応挙［99頁］

孟宗山

もうそうやま

墨一色の見送と豪華な金具
日本画の巨匠、師弟の競演

●京都市中京区烏丸通四条上ル笋町
●御神体「孟宗」
●御利益　親孝行・厄除け・疾病除け

中国で親孝行に尽くした人物の史話を集めた『二十四孝』に収められた「孟宗」に由来する山で、「筍山（たけのこやま）」とも呼ばれている。病身の老母を養う孟宗は、冬期に母が欲した筍を掘りに竹林に向かうが、雪の中で掘り当てることがかなわない。天に祈ると天地雷鳴し、地面が割れて筍が生えてきたという。その故事に基づいて、御神体の孟宗像［56頁］は鍬と筍を手にしている。

山の欄縁を飾る錺金具は、江戸から明治初期に活躍した幸野楳嶺（＊1）が描いた「彫金群鳥図」を下絵としたもの。千鳥や鳳凰、孔雀など十五種の鳥が彫られている。また、見送の

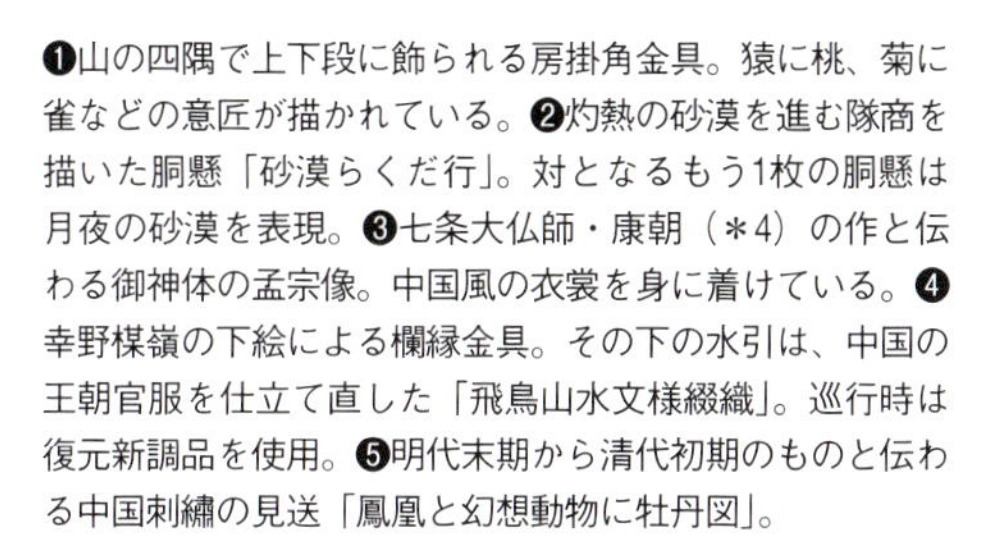

❶山の四隅で上下段に飾られる房掛角金具。猿に桃、菊に雀などの意匠が描かれている。❷灼熱の砂漠を進む隊商を描いた胴懸「砂漠らくだ行」。対となるもう1枚の胴懸は月夜の砂漠を表現。❸七条大仏師・康朝（＊4）の作と伝わる御神体の孟宗像。中国風の衣裳を身に着けている。❹幸野楳嶺の下絵による欄縁金具。その下の水引は、中国の王朝官服を仕立て直した「飛鳥山水文様綴織」。巡行時は復元新調品を使用。❺明代末期から清代初期のものと伝わる中国刺繍の見送「鳳凰と幻想動物に牡丹図」。

「孟宗竹藪林図」［65頁］は、幸野楳嶺の弟子にあたる竹内栖鳳（＊2）が描いた全山鉾で唯一の肉筆見送だったが、現在はそれを原画として二〇一四（平成二六）年に新調した綴織を懸ける。白地に墨一色の見送は、鮮やかな懸装品が多い中、異彩を放っている。

　二〇〇八（平成二〇）年から二年かけてお披露目となった左右二枚の胴懸は、平山郁夫（＊3）の「砂漠らくだ行」を綴織で新調したものだ。

＊1　幸野楳嶺［105頁］

＊2　竹内栖鳳（たけうちせいほう）
一八六四〜一九四二。日本画家。幸野楳嶺の私塾に入門。西洋画法を積極的に取り入れ、日本画の革新を行った。

＊3　平山郁夫（ひらやまいくお）
一九三〇〜二〇〇九。広島県生まれの日本画家。東京藝術大学の学長を二度にわたって務めた。一九九八（平成一〇）年に文化勲章を受章。

＊4　康朝（こうちょう）
一七五九〜一八一八。京仏師の名家・七条左京家に生まれる。八坂神社の西楼門に建つ二体の随神像も手掛けた。

占出山

うらでやま

宮家・公家寄進の華麗な衣裳 安産の神へ珠玉の返礼

- 京都市中京区錦小路通烏丸西入ル占出山町
- 御神体「神功皇后」
- 御利益　安産・勝運・厄除け・疾病除け

神功皇后（＊１）が出陣するとき肥前国松浦川で鮎を釣り上げ、戦勝の吉祥としたという故事をもとにした山。当時皇后はのちに応神天皇となる子を懐妊中だったが、腹を冷やし出産を遅らせ、戦いののち無事出産したとの伝承から安産の神と崇められている。御神体の神功皇后像は衣裳の下にさらしの腹帯を巻いて巡行を行い、山を解体したあとに安産祈願の腹帯として希望者に授与されている。宮家・公家からの信仰も篤く、安産後の返礼に衣裳が寄進されたため、山鉾一の「衣裳持ち」に。現在も残される二十数枚の華麗な「神功皇后衣裳」は、宵山の会所飾りで拝むことができる。

❶神功皇后の左手には約40センチの木彫の鮎が。❷金地や和歌の墨文字、人物まですべて刺繍の水引「三十六歌仙図」。2007（平成19）年から6年がかりで復元新調された。❸西陣で織られた見送「双龍宝尽額牡丹に鳳凰文様」は2001（平成13）年に復元新調、巡行を彩る。❹歴代の懸装品や欄縁金具類。手前の壁に掛かるのは山口素岳（＊2）下絵の後懸を転用した見送「富士山風景図」、手前の台にあるのは鈴木百年（＊3）下絵の胴懸「三韓人物満潮干潮図」。

懸装品も明代の貴重な絹綴織の見送「鳳凰牡丹円紋」［48頁］をはじめ壮麗な品々が残る。昭和末期以降、松島・天橋立・安芸宮島の日本三景を描いた一八三一（天保二）年作の前懸および胴懸、総刺繍の水引「三十六歌仙図」、一七九四（寛政六）年作の綴織の見送「双龍宝尽額牡丹に鳳凰文様」の復元新調が順次進み、現在は色鮮やかな装いで巡行中だ。

＊1　神功皇后［107頁］

＊2　山口素岳（やまぐちそがく）　生没年不詳。京絵師・山口素絢（そけん）の息子で、江戸後期に活躍した円山派の絵師。占出山の前懸と胴懸「日本三景図」の下絵も手掛けたと伝わる。

＊3　鈴木百年（すずきひゃくねん）　一八二八～一八九一。江戸末期から明治にかけて活躍した日本画家。四条派・岸派など諸派や文人画の要素を取り入れて独自の画風を成して一派を築いた。今尾景年をはじめ門人は多く、鈴木松年は長男。

山伏山

やまぶしやま

法力を司る僧を頂き 厚彫の金工、珍奇な幕が競演

●京都市中京区室町通蛸薬師下ル山伏山町
●御神体「浄蔵貴所」
●御利益 雷除け・無病息災・学業成就・厄除け・疾病除け

山伏姿の御神体人形は、傾いた八坂の塔を法力で元に戻した逸話をはじめ多くの伝説が残る、平安期の僧・浄蔵貴所（じょうぞうきしょ）［69頁］。町内の人々は今も毎年六月に、浄蔵が修行をしたと伝わる奈良県の大峰山に登り、祭りの無事を祈るという。宵山期間に町会所の二階に祀られた御神体が、凛とした佇まいを見せる。

火難の比較的少ない山だけに、会所飾りには古くからの懸装品がぎっしりと並ぶ。欄縁を彩る厚い肉彫の雲や飛鶴、花鳥をかたどった房掛、雲文の見送掛衣桁など金工の優品が多く、かつて菊水鉾から贈られた水引「雲龍麒麟桐竹図」など、精緻な刺繍の幕類も見応えがある。

珍しいのは、上段が明代の僧服を使った日本製、下段が中国製と、二枚の織物を繋ぎ合わせた綴錦の見送「波濤に雲龍文様絽刺刺繍掛物」。蚕を育て機で布を織り上げ宮中に献上するまでの一連を描き、山をぐるりと囲む趣向で仕立てられた綴錦の水引「養蚕機織図」も見逃せない。

＊1 岡本豊彦（おかもととよひこ）一七七三～一八四五。江戸後期に活躍した備中国出身の絵師。呉春の弟子で、松村景文と並び四条派の双璧を成した。山水・人物画を得意とした。

＊2 岸良（がんりょう）一七九八～一八五二。京都生まれの江戸後期の絵師。岸駒（がんく）の義息となり、岸駒亡きあと、岸派を支えた。

❶金糸の刺繡が輝く水引は、菊水鉾から寄贈された江戸後期作のものを2017（平成29）年に復元新調。❷狩野派の絵師が下絵を描いたと伝わる、19世紀作の綴錦の水引「養蚕機織図」。❸浄蔵貴所の御神体人形。結袈裟は聖護院から贈られたもの。❹会所の蔵に飾られる1841（天保12）年調製の見送「波濤に雲龍文様絽刺刺繡掛物」。上段部分は岡本豊彦（＊1）のものに岸良（＊2）が補筆した下絵をもとに製織、刺繡を施したと伝わる。巡行では1999（平成11）年に復元新調したものが登場。❺壮麗な房掛の奥には、町内で大事に守られてきたという「三十六歌仙屏風」が。❻毎年手づくりされる会所の茅の輪。宵山期間中は厄除けの茅の輪くぐりができる。

霰天神山

あられてんじんやま

大火を鎮めた天神信仰 道真ゆかりの精緻な意匠

●京都市中京区錦小路通室町西入ル天神山町
●御神体「天神」
●御利益　火除け・雷除け・厄除け・疾病除け

❶1985（昭和60）年に新調された上村松篁原画の胴懸「白梅金鶏図」。❷上村淳之さんの原画をもとに2003（平成15）年に新調された胴懸「紅白梅銀鶏図」。❸真松に加え、天神ゆかりの梅が乗せられる霰天神山。❹1928または1932（昭和3または7）年制作の角金具。松・楓・菊の文様が華麗。❺この山では水引の代わりに屋根付きの透塀が三方を囲む。上段は楓に鹿などの透かし彫、下段に白・黒・茶の牛が。❻山に乗る唐破風春日造の社殿が、宵山期間中は会所に祀られる。檜皮葺、五段の階段、その脇の狛犬など精緻なつくり。

永正年間（一五〇四〜二一年）に起こった大火のとき、季節はずれの霰が降り火が鎮まった。その霰とともに降ってきた小さな天神像を祀ったのが、山の起こりと言われる。この故事から火除けの神として今も篤い信仰を集める。山には天満宮を表す朱塗の鳥居と檜皮葺（ひわだぶき）の社殿が乗り、若松のほか天神（菅原道真）が愛したという紅梅が立つ。山の上を巡る極彩色の透塀（すかしべい）の下段には、天神の使いとされる牛がさまざまな姿で浮彫に。また昭和末期に上村松篁（＊1）の原画をもとに綴織の胴懸「白梅金鶏図」がつくられた。のちに、もう一面の胴懸も息子・上村淳之さん（＊2）の原画で仕立てられ、紅白梅に鶏のモチーフが

描かれている。

前懸は、鶏鉾や滋賀県の長浜曳山祭・鳳凰山の見送ともとは一枚だったと考えられる十六世紀ベルギー製の毛綴タペストリー。鯉山のものと同じく叙事詩『イーリアス』の場面を描いたシリーズで、二〇一〇（平成二二）年に復元新調され、山の鮮やかさを増している。

＊1　上村松篁［95頁］
＊2　上村淳之（うえむらあつし）一九三三〜。京都出身の日本画家。父は上村松篁、祖母は上村松園。父と同様に花鳥画を得意とする。京都市立芸術大学名誉教授。

郭巨山

かっきょやま

日覆い障子に乳隠し唯一の特徴を二つ持つ

● 京都市下京区四条通西洞院東入ル郭巨山町
● 御神体「郭巨・童子」
● 御利益　金運招福・開運・厄除け・疾病除け・母乳の出を守る

中国の史話『二十四孝』にちなむ。貧困だった郭巨は、子は再び得られるが親は二度と得られないと、子を棄てることを決断。山に行き穴を掘ったところ土中から「天からこれを与える」と書かれた黄金に満ちた釜を掘り当てた。その逸話から「釜掘り山」とも呼ばれる。

郭巨山には、ほかの山にはない特徴が二点ある。一つは、多くの山が建てている朱傘を持たず、代わりに日覆い障子の屋根を設けていること。もう一つは、胴懸を吊るす欄縁の下に水引の代わりに「乳隠し」と呼ばれる飾り板を用いていることだ。金地彩色宝相華文様の乳隠しは、桜や菊、桐を透かし彫した欄縁

❶山には、手に鍬を持つ郭巨像と牡丹の花を持つ童子像の2体の御神体人形を乗せる。❷1789（寛政元）年に金勝亭九右衛門利恭（＊4）によってつくられた御神体の郭巨像と童子像。❸桐・桜・菊を表す透かし彫の欄縁の下には、山鉾で唯一の乳隠しを備える。❹胴懸「杜若と白鷺図」の原画も上村松篁によるもの。❺山の四隅を飾る錺金具。❻1994（平成6）年に新調した、上村松篁原画の見送「万葉美人に桃と菫図」。

の意匠と相まって優美な雰囲気を醸し出している。

　巡行に用いられる懸装品は全二装あり、巡行ではどちらかが使われる。第一装は石田幽汀（＊1）が下絵を描き一七八五（天明五）年新調の胴懸、円山応挙の孫・応震（＊2）の下絵による見送「唐山水仙人図」など。第二装は、前懸・胴懸・見送など、一九七八（昭和五三）年より順次新調した上村松篁（＊3）原画の四面で四季を表す懸装品だ。

＊1　石田幽汀（いしだゆうてい）
一七二一～一七八六。狩野探幽の系譜となる鶴沢派の技法を基礎に、京狩野や琳派風の豊かな装飾性と写生的な描写を加えた探鯨に絵を学び、宮中の御用絵師となった。

＊2　円山応震［102頁］

＊3　上村松篁［95頁］

＊4　金勝亭九右衛門利恭（こんしょうていくえもんりきょう）
生没年不詳。木偶細工師。本名は戸田末三郎。助っ人大工の幸介と二人で制作したことが、郭巨像の胴に書かれている。伯牙山や白楽天山の御神体像も手掛けている。

伯牙山
はくがやま

琴の名手の故事に由来し
中国情緒でまとめられた

❶慶寿裂を掛軸に仕立て直した錦織「慶寿詩八仙人図」。詩文と仙人遊楽図を配する。1987（昭和62）年に復元新調された。❷胴懸の上半分程を覆い、山の前面まで続く大きな水引「緋羅紗地唐人物図」。図柄に綿を入れ立体的に縫い付けた作。❸重要文化財に指定された京町家・杉本家住宅にて会所飾りが行われる。❹舞楽風源氏胡蝶文様の角金具は、組紐の束を内側から垂らす特異な形。優美な姿と細かな魚々子打（ななこうち）が見事。❺巡行中でもよく見えるように、琴は山籠に斜めに立てかけて飾られる。

●京都市下京区綾小路通新町西入ル矢田町
●御神体「伯牙」
●御利益　技芸向上・厄除け・疾病除け

中国の故事「知音（ちいん）」を主題とする山。春秋時代の琴の名手・伯牙が、親友であり琴の音色の深い理解者だった鐘子期（しょうしき）の死を悲しみ、琴の絃を切って二度と演奏しなかったという物語を表現している。背丈一九六・五センチの御神体像は一七九〇（寛政二）年の作で、悲しみや怒りを感じさせる表情を浮かべて鉞（まさかり）を持ち、琴を凝視する。一八七〇（明治三）年以前はその主題から「琴破山（ことわりやま）」と呼ばれていた。ただ、中国の故事において琴を割る逸話は二話あり、御神体像はもう一つの物語を表しているという説もある。

中国の故事を主題とすることから、懸装品は、明代に織られ

た長寿祝いに贈られる慶寿裂を使用した前懸をはじめ、緋羅紗地に唐人物の図柄を配した水引や、江戸時代に織られた見送「五仙人図」など、国内制作品・渡来品ともに中国趣味を感じさせるものに統一されている。また、裾幕や会所の提灯、粽などには主題にちなんで琴柱があしらわれ、山の胴組には紺色に染めた麻縄が使われているのが特徴的だ。

前祭

芦刈山
あしかりやま

ダイナミックな懸装品をまとい
再会・復縁の物語を乗せる

●京都市下京区綾小路通西洞院西入ル芦刈山町
●御神体「日下左右衛門」
●御利益　夫婦和合・縁結び・厄除け・疫病除け

貧しい夫婦を題材にした世阿弥の謡曲「芦刈」に取材する山。夫と離縁した妻は宮仕えをして不自由のない生活を送っていたが、夫を気にかけ探しに行く。落ちぶれた姿で芦を売る夫と再会し、再び縁を結ぶことができたという物語から、芦刈山には夫婦和合の御利益があるとされる。応仁の乱以前の祭りでは「あしかり山」と呼ばれた山が三つも存在したことからも、人気の題目だったことがうかがえる。

芦原を表現した山の上には、左手に芦、右手に鎌を持った御神体像が佇む。頭(かしら)は一五三七（天文六）年、康運（＊1）の作と伝わっている。また、織田信長より拝領したと伝わる小袖「綾地締切蝶牡丹文様片身替小袖(あやじしめきりちょうぼたんもんようかたみがわりこそで)」は重要文化財に指定され、山鉾町に現存する最古の装束として名高い［56・67頁］。

ほかにも、一八三二（天保三）年制作の毛綴の前懸「欧風景」をはじめとした名染織品を多数所有しているが、現在は、大正期〜昭和期の日本画家・山口華楊（＊2）原画の見送や前懸など、ダイナミックな図案の懸装品を懸けて巡行を行っている。

＊1　康運（こううん）
生没年不詳。造仏界を代表する慶派仏師の一人で、室町期に活躍した。祇園祭においては芦刈山の翁像と橋弁慶山の弁慶像・牛若丸像を手掛けたと伝わる。

＊2　山口華楊（やまぐちかよう）
一八九九〜一九八四。友禅染の彩色家の次男として京都に生まれる。写実の精神を重んじ、動物画や花鳥画を多数描いた。

❶17世紀にフランドル地方でつくられたタペストリーを模して19世紀初めに京都で織られた「欧風景」。滋賀県・大津祭の石橋山の見送として使用されている主要部分を除く、4枚の裁断片を縫い合わせたもの。❷巡行時の御神体像は、江戸期につくられた写しの頭を使用。1537（天文6）年作の旧頭は会所でのみ見ることができる。❸錺金具類には山の名にちなんで芦や、「刈」に通じる雁のモチーフが多く使われている。❹1985（昭和60）年作の見送「鶴図」。下京出身の山口華楊が原画を描いた、芦刈山町と縁深い品。❺1848（嘉永元）年につくられた芦丸文様鍍金金具のモチーフは芦。雁を象った金具と対で飾られる。

油天神山

あぶらてんじんやま

海外にまで足を運んだ町衆の熱意と感性を織り込んだ装い

●京都市下京区油小路通綾小路下ル風早町
●御神体「天神」
●御利益　学業成就・厄除け・疫病除け

町名「風早町」の由来にもなっている、かつてこの地に屋敷を構え、天明の大火後に町内の復興に尽力した公家・風早家伝来の天神像を祀る。御神体は普段、町内の火尊天満宮に愛宕神とともに合祀されているが、山に乗せる社殿の中には天神坐像のみが安置される。丑の日に天神を町内へ勧請したことから「牛天神山」の別称も。

金箔を施した煌びやかな社殿と朱塗の鳥居、華やかな紅梅を乗せた山を飾る染織品の多くは、平成期に入ってから新調された色鮮やかな品々。着物を扱う職人が多い町内だけあって、町衆自ら海外へ視察に赴くなど、彼らの感性を投影しながら新調が

❶社殿を覆うような形の山籠には、真松と紅梅が立てられる。山の前面は社殿や鳥居が見えるよう切り込まれた形状。❷胴懸の原画は日本画家・前田青邨（＊1）の作。天神・菅原道真を象徴する梅のモチーフは、裾幕や欄縁金具にも。❸胴懸と調和する上水引をと、2006（平成18）年に新調。多色の糸を使ったグラデーションが美しい。❹会所では千鳥破風の屋根を持つ社殿を間近で拝することができる。❺京都出身の画家・梅原龍三郎（＊2）の油絵を原画に、1990（平成2）年に新調された見送「朝陽図」。油絵のタッチとエキゾチックな色使いを綴織で見事に表現。

行われた。左右の胴懸「紅白梅」は、イタリアのローマ北部にある日本文化会館所蔵の日本画を原画として採用。また上水引「翔鷹千花図」は世界中から図案を探し、フランス国立クリュニー中世美術館蔵のタペストリーの一部をモチーフに新調された。ほか、カザフスタン製段通の胴懸など、巡行時とは異なる染織品の名品が見られる宵山飾りにも注目。

＊1　前田青邨（まえだせいそん）
一八八五～一九七七。東京藝術大学教授も務めた日本画家。深い自然観照と大和絵の研究にもとづく卓越した技法で幅広い作品を描いた。
＊2　梅原龍三郎（うめはらりゅうざぶろう）
一八八八～一九八六。洋画家。欧州で学んだ油彩画に琳派や南画を取り入れた作風が特徴。昭和の日本洋画界を牽引した。

木賊山

とくさやま

秋の夕暮れの風情感じる
世阿弥の謡曲を再現

●京都市下京区仏光寺通西洞院西入ル木賊山町
●御神体「木賊翁」
●御利益　迷子除け・再会・厄除け・疫病除け

桃山期の作と伝わる御神体像。紺地に入雲龍文様の小袖、腰には蓑。渋茶色の紋紗の水衣も美しい。左手には本物の木賊を握る。

世阿弥の謡曲「木賊」に取材した、室町末期の創建と伝わる山。謡曲は、平安後期の武将で歌人としても知られる源仲正（みなもとのなかまさ）の和歌「木賊刈る その原山の木の間より みがかれ出づる 秋の夜の月」をもとにつくられたと考えられており、山には謡曲と和歌の世界観を表現する工夫が随所に見られる。

御神体は、我が子と生き別れ信濃で木賊を刈る場面を再現した老翁像。悲しみの表情を浮かべた木彫の頭（かしら）は奈良仏師による名品だ［56頁］。

老翁像を囲むように欄縁の上に生えた木賊が秋の風情を醸し、コウモリの意匠が多数あしらわれた欄縁金具は宵闇を思わせる。

❶正面の水引は綴錦の「日輪鳳凰文様」。中央に日輪を配した吉祥の図案で、1999（平成11）年に復元新調された。❷金雲と黒塗のコウモリがあしらわれた欄縁金具。❸町内では「天王様」と呼ばれている老翁像は、謡曲「木賊」のシテ。能の動きに倣って左右の腕を横に張っている。❹金糸がふんだんに使われ、刺繡ならではの立体感を持つ水引「西王母黄初年図」。

また、木賊は研磨材として重宝される植物で、生い茂る木賊で磨かれて輝く満月を模した銀板が真松に掛けられる様は、和歌と呼応。月にちなみ、角金具や老翁像の懐の扇に兎があしらわれるなど、物語の情景が浮かぶ巧みな演出が施されている。

成長した息子と老翁が無事に再会を果たす物語から、木賊山では迷子除けのお守りが授与される。

前祭

太子山

たいしやま

山鉾で唯一の真杉を立て聖徳太子の知恵を授ける

●京都市下京区油小路通仏光寺下ル太子山町
●御神体「聖徳太子」
●御利益　知恵・学業成就・厄除け・疫病除け

④

③

❶構想から10年以上かけ新調された胴懸のうちの1枚。ベトナム刺繡の特徴である繊細なグラデーションや、図柄を縁取った金駒繡が美しく、光の当たり方により色味が変化して見える。❷真杉には観音像を安置した厨子（ずし）が取り付けられる。水引は、胴懸を引き立てるため七宝編みの組紐を使用。❸会所飾りは表屋造の京町家・秦家住宅で行われ、風情ある宵山風景が楽しめる。❹会所では、明朝の官服の図柄をもとに復元新調した見送「波濤飛龍図」などが並ぶ。❺過去の巡行時に立てられた真杉を再利用してつくられたベンチ「知恵の座」。❻風炉釜や茶碗などを入れた箱を天秤棒で担ぐ荷茶屋。

⑤

⑥

京都市中京区の頂法寺（六角堂）の開山説話が主題。聖徳太子が大阪の四天王寺建立のため良材を求め京都盆地を訪れた。休憩しようと念持仏を近くの木に置いたところ、そこから動かなくなったため、その地に建てた堂宇が六角堂の始まりと伝わる。その説話にちなみ、巡行時には杉の名産地である北山から切り出した真杉を立て、右手に斧を持つ太子像を飾る［69頁］。

山は、緋羅紗地に見事な刺繡を施した前懸「秦の始皇帝と阿房宮図」をはじめ、天明や元治の大火での被害を逃れた貴重な懸装品を所有。厚い綴織に緻密で色鮮やかなベトナム刺繡を施した新しい胴懸にも注目したい。二〇一八（平成三〇）年の巡行から使用される予定だ。

会所前には、真杉製のベンチ「知恵の座」が設置され、座ると聡明になる御利益が受けられると人気。また、茶道具などの運搬のため昭和三〇年代まで多くの山鉾とともに巡行した荷茶屋（になない）が残っていたことにちなみ、宵山では茶が振る舞われ、見物客はしばし憩うことができる。

白楽天山

はくらくてんやま

異国情趣の深い幕類に欧州と中国の趣が融け合う

1

2

●京都市下京区室町通綾小路下ル白楽天町
●御神体「白楽天・道林禅師」
●御利益　学業成就・厄除け・疾病除け

唐の詩人・白楽天（白居易）と道林禅師が問答をする場面を表す。白楽天が松の樹上に住む道林禅師を訪ねて仏法の大意を問い、その答えに禅師の徳の高さを感じたという。古図では、道林禅師の御神体人形が松の上にまさに配された白楽天山も描かれている。

幕末期の元治の大火で胴組などを焼失、度重なる中断期を経て一九五〇（昭和二五）年、巡行に復帰した。復興まもない一九五三（昭和二八）年には、山鹿清華（＊1）による見送で、中国・北京西北にある清朝の離宮を描いた綴錦を使い始めた。

水引や胴懸、前懸には、現在ヨーロッパの毛綴が用いられ、

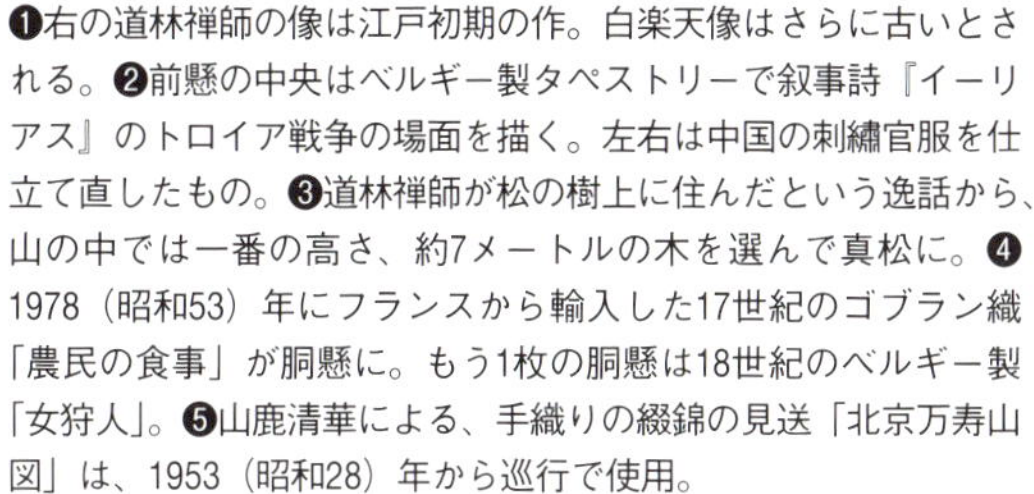

❶右の道林禅師の像は江戸初期の作。白楽天像はさらに古いとされる。❷前懸の中央はベルギー製タペストリーで叙事詩『イーリアス』のトロイア戦争の場面を描く。左右は中国の刺繍官服を仕立て直したもの。❸道林禅師が松の樹上に住んだという逸話から、山の中では一番の高さ、約7メートルの木を選んで真松に。❹1978（昭和53）年にフランスから輸入した17世紀のゴブラン織「農民の食事」が胴懸に。もう1枚の胴懸は18世紀のベルギー製「女狩人」。❺山鹿清華による、手織りの綴錦の見送「北京万寿山図」は、1953（昭和28）年から巡行で使用。

異国情趣あふれる山でもある。中でも前懸は、一時復興を断念した蟷螂山から一八六〇（万延元）年に購入したもので、十六世紀のベルギー製タペストリーを中央に、中国の刺繍官服を左右に配して三枚繋げた珍しいもの。胴懸は昭和五〇年代にフランスから輸入した毛綴で、祭りにかける古今の町衆の熱気を感じさせる。

＊1　山鹿清華［101頁］

くじ取り式で得た「くじ札」を入れる専用のくじ箱は呂色塗が美しい。

綾傘鉾

あやがさほこ

棒振り囃子で災厄を祓う 古来の形を今に伝える傘鉾

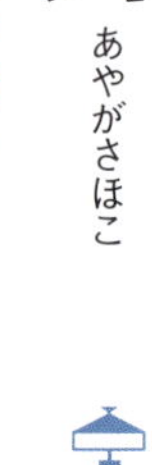

●京都市下京区綾小路通室町西入ル善長寺町
●御神体「金鶏」
●御利益　安産・縁結び・厄除け・疾病除け

十五世紀前半の記録にも残る、応仁の乱以前の山鉾の古い形を伝える傘鉾の一つ。一八六四（元治元）年の大火で大部分を消失し、一八七九（明治一二）年から六年間は徒歩囃子として復活するが、以降途絶えてしまう。一九七三（昭和四八）年には宵山に棒振り囃子が復活し、一九七九（昭和五四）年に巡行に復帰した。

巡行を前導する六人の稚児［43頁］のあとには、災厄を祓い大路を清めながら踊る「棒振り囃子」が続く。囃子方は、房付きの棒を振る「棒振り」と、鬼面を被り二人で一つの締太鼓を叩く「巡柱（じんちゅう）」、笛や鉦（かね）の演奏者で構成。巡行路の定められた十箇所にて「棒振り囃子」を披

露する。

現在、鉾は二基あり、いずれも直径二・六メートルの緋綾の天蓋を持つ。前を進む御神体の金鶏像を乗せた鉾には、一九九三（平成五）年に町内有志から寄贈された綴織の垂り「飛天の図」、後ろを進む松を付けた鉾には、染色家・森口華弘（＊1）が寄贈した友禅染の垂り「四季の花」が飾られる。

＊1　森口華弘（もりぐちかこう）
一九〇九～二〇〇八。滋賀県生まれの染織家。蒔糊技法を用いた友禅染で知られる。一九六七（昭和四二）年に重要無形文化財保持者（人間国宝）に認定された。

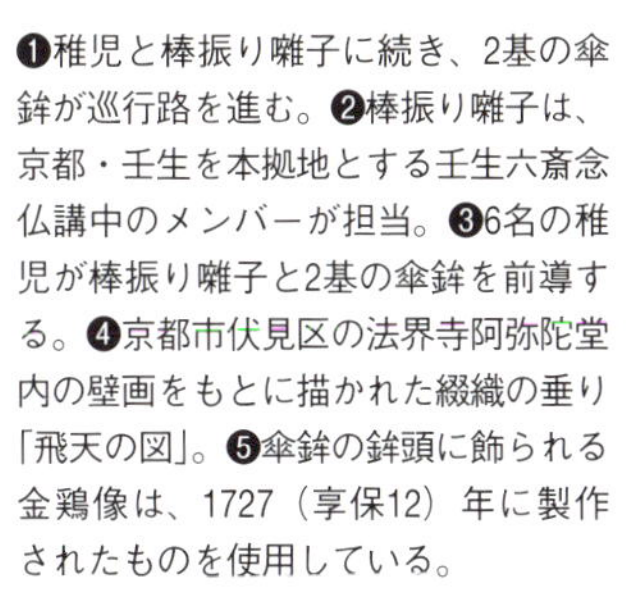

❶稚児と棒振り囃子に続き、2基の傘鉾が巡行路を進む。❷棒振り囃子は、京都・壬生を本拠地とする壬生六斎念仏講中のメンバーが担当。❸6名の稚児が棒振り囃子と2基の傘鉾を前導する。❹京都市伏見区の法界寺阿弥陀堂内の壁画をもとに描かれた綴織の垂り「飛天の図」。❺傘鉾の鉾頭に飾られる金鶏像は、1727（享保12）年に製作されたものを使用している。

蟷螂山

とうろうやま

友禅の水鳥で彩られた唯一のからくり仕掛けの山

- 京都市中京区西洞院通四条上ル蟷螂山町
- 御神体「祇園三社の軸」
- 御利益　厄除け・疾病除け

❶1977（昭和52）年から4年をかけて修理が行われた御所車には蟷螂が乗る。セミクジラのひげをバネに、首や足だけでなく羽まで広げる精巧な仕掛け。❷鴛鴦（おしどり）が群れる様子を描いた胴懸「瑞苑浮遊之図」。1982（昭和57）年に新調。

❸蟷螂だけでなく、からくり仕掛けによって御所車の車輪も動く。❹1991（平成3）年に新調された羽田登喜男作の見送「瑞苑飛翔之図」。❺宵山時に飾られる旧蟷螂。町内では「先代さん」と呼ばれ親しまれている。❻角金具の上に取り付けられる、蟷螂をあしらった鍍金金具。

南北朝期、北朝方である足利軍に挑み無念の戦死を遂げた町内在住の公卿・四條隆資の戦いぶりが、力のない者が強い者に立ち向かうという中国の故事「蟷螂の斧」のように勇ましかったことから、戦の二十五年目の一三七六（永和二）年に町内在住の陳外郎が、四條家所有の御所車に大蟷螂を乗せて巡行したのが由来とされる。山は、再三の戦火で焼失と再興を繰り返していたが、元治の大火で大部分を焼失。一九八一（昭和五六）年に再興し巡行に参加した。

御所車の唐破風屋根の上に据えられた蟷螂には全山鉾で唯一からくり仕掛けが施されていることでも知られる。鎌首を持ち上げ羽を広げるなど、四人がかりで多様な動きを見せる。また蟷螂とともに飾られる金鯱や、龍の口から突き出る御所車を引く轅などの装飾にも注目したい。

かつては町内に友禅染の職人が多く暮らしていたこともあり、前懸・胴懸・見送など、巡行時の懸装品は友禅作家・羽田登喜男（＊1）に依頼。すべてを友禅で揃えるのはこの山だけだ。

＊1　羽田登喜男（はたときお）
一九一一～二〇〇八。石川県出身の染色家。加賀友禅や京友禅を学び、京都で独立。一九八八（昭和六三）年、重要無形文化財保持者（人間国宝）に認定された。

四条傘鉾

しじょうかさほこ

懸装品から棒振り踊りまで復興し 一世紀を経て巡行に再び参加

●京都市下京区四条通西洞院西入ル傘鉾町
●御神体「傘・若松」
●御利益　招福・厄除け・疫病除け

①

巡行時は傘の縁から垂り(さが)を下げ、頂に赤御幣と雌松(めまつ)の若松が飾られた鉾を、囃子方と踊り子が前導する。

応仁の乱や元治の大火などで被害を受けるもその度に復興したが、明治維新の混乱により鉾やほとんどの記録類を失い、巡行には一八七一（明治四）年を最後に百年以上姿を消していた。一九七五（昭和五〇）年頃に復興の動きが起こり、わずかな史料を頼りに傘や懸装品を一から揃えた。一九八五（昭和六〇）年に、巡行には参加しないが会所で懸装品などを飾る居祭(いまつり)を開始。一九八八（昭和六三）年には踊りと囃子が復活し巡行に加わった。巡行時に行われる「棒

❶1985（昭和60）年作の垂り「麗光鳳舞之図」は、7色の鮮やかな雲と鳳凰の優美な図柄。❷巡行中に計5回の棒振り踊りを披露。赤熊（しゃぐま）にたっつけ袴姿の棒振りや、ササラや鉦（かね）、太鼓を手にした子どもたちが練り歩く。❸欄縁金具は2011（平成23）年に新調した。4面の胴懸はインド更紗。❹会所には牛頭天王の軸が飾られる。一般非公開。❺2枚の垂りを所有し、巡行に使用される垂りは年によって異なる。「名物早雲寺文台裂」は、金糸で細かな草花文が織り出されている。

振り踊り」は、室町期に京都から伝わった風流踊りに影響を受けたと伝わる滋賀県甲賀市の瀧樹神社の「ケンケトおどり」をもとに復興された。

今後はより細かな分析を進め、往時の姿に近づくよう懸装品などの新調を進める予定だ。その第一歩として、二〇一一（平成二三）年には専門家の調査のもと欄縁金具の新調が行われた。

京都を代表する絵師や職人が力を尽くしてきた山鉾の懸装品。その伝統は受け継がれ、昭和末には京都出身の日本画家・加山又造の原画から、ダイナミックな龍の見送が生まれている。画家の志を受け、見事な綴織に仕立てたのは川島織物セルコン。一枚の絵から、山の背を飾る見送へ。どんな道程をたどって具現化されたのか、探ってみた。

山の宝を引き継ぐ〝龍〟の図

南観音山の見送「龍王渡海図」の完成は一九八八（昭和六三）年だが、構想はその十二年前から始まっていたという。もともと南観音山には中国・明清代の見送が二枚あり、いずれも龍が躍る姿の名品だったが傷みが激しく、復元が検討されていた。しかし時間・費用とも莫大にかかることが判明、「ならば後世に残るような現代の最高の品を新調しよう」と決定。有識者の意見を聞きつつ原画の作家候補を検討し一九八二（昭和五七）年、加山又造への依頼が決まった。「加山先生は当初『京都画壇には立派な先生がほかにいらっしゃる』と固辞されたのですがお願いを何度も重ね、ついに受けていただけたんです」と南観音山保存会監事・酒井英一さん（当時は常任理事）。その年、加山は炎天下の巡行に随行し、想を練ったという。原画の主題は旧見送を継承した「龍」に、色は他の飾りに多

画家の想いを昇華 見送幕の「新調」
――川島織物セルコン

加山又造の原画「龍王渡海図」、1986（昭和61）年作。見送原寸の二分の一にあたる60号サイズで描かれた。岩絵具のほか波濤には白金（プラチナ）が使われている。

保存されている織下絵。裏面を上にして織るため、左右を反転して描かれている。赤い数字は糸番号で、色の微妙な違いにより異なる糸が指定されていることが分かる。

い朱赤を避け、夏の祭りということも勘案し「青を用い、白金も併用」と決まった。

詳細な織下絵と糸の配色

一九八六（昭和六一）年にようやく原画が完成し、翌年から川島織物（現・川島織物セルコン）での製作が始まった。一八八四（明治一七）年に前身の川島織場を設立、旧来の唐織・綴織を西洋の技法も融合させて芸術品に発展させ、御所などの室内装飾や帯・緞帳、祇園祭をはじめ全国の祭礼幕を手掛けてきた会社である。

訪れてみると、見送「龍王渡海図」の織下絵は、今も大切に保存されていた。薄く彩色された下絵には「12×4」といった暗号のような数字が。「糸の番号です」と技術顧問・明石文雄さんが教えてくれた。原画からデザイナーが織下絵を起こし、そこに配色担当者が糸の色・種類を指定していく。綴織では何百色の糸を使うことも珍しくないが「龍王渡海図」は原画に従い、色数が抑えられた。それでも金糸・プラチナ糸を含め全二十色程。ぼかしやグラデーション部では糸の配合を細かく変えるため、実際に現れる色数はさらに多い。配色担当の井上光二さんは「とくに原画の波のうねりに注目し、線に忠実に、より動きが出るよう心がけました」と振り返る。

原画の迫力を増す、綴織

平織の一種である綴織では、経糸と緯糸の本数の変化で量感を自在に操れる。たとえば龍の体は粗めの織組織（糸の本数が多く太い織り方）で、波の部分は細かい織組織（糸の本数が少なく細密な織り方）にし、龍が浮き立つよう表現。また波の輪郭線では、粗めの表現のところで経糸四本を一束に扱うところを一本ずつ分けて織り進め、滑らかな曲線を生んでいる。

織下絵に配色の細かな指示はあるが、下絵をどう織りで表現するかは織手の経験と感性に委ねられる。熟練の手仕事によってなされた綴織幕を原画と比べると、迫力が増したように見える。「綴織では緯糸を折り返すときできるハツリ目（すき間）が影をつくり、より立体感が出るのでしょう」と明石さん。

加山は織下絵や試作をチェック。さらに龍の目に「赤く光ると面白い」と人工宝石を入れることも発案した。そうして仕上がった見送はおそらく満足のゆく出来だったに違いない。その後水引や団扇など南観音山にまつわる品々の原画を、亡くなるまで寄進し続けた。

合同巡行時代（2013年まで）は殿（しんがり）をつとめ、南観音山の見送「龍王渡海図」はとくに衆目を集めた。龍の目は京セラの人工ルビー「クレサンベール」。

綴織では経糸を渡した機の下に織下絵を置きそれを見ながら、色ごとに杼（ひ）に巻き付けた緯糸を通して織り進める。要所で下から鏡を当て確認、難があれば解いて織り直す。

山鉾巡行は、町衆にとって年に一度の晴れ舞台。中でも、山鉾の前面に立って掛け声を放つ「音頭取」と山鉾上で笛や太鼓、鉦（かね）を奏でる「囃子方」の装いに注目。毎年意匠を新たにする町もあれば、伝統の紋を使い続ける町もあり、それぞれの衣裳は、町衆の矜持と山鉾の個性を映し出す。

菊水鉾
菊水鉾

後祭の山鉾

七月二十四日に行われる後祭（あとまつり）の山鉾巡行。
橋弁慶山を先頭に、殿（しんがり）の大船鉾まで、
十基の山鉾が、前祭とは逆となる進行方向で大路を進む。
また、巡行への復帰を目指す鷹山も併せて紹介する。

P. 146

北観音山

P. 148

南観音山

P. 150

大船鉾

P. 152

橋弁慶山

P. 154

鯉山

P. 156

浄妙山

P. 158

黒主山

P. 160

役行者山

P. 162

鈴鹿山

P. 164

八幡山

P. 166

鷹山

北観音山

きたかんのんやま

**六百六十年超の歴史を有し
大富豪の支援で華麗な品が揃う**

●京都市中京区新町通六角下ル六角町
●御神体「楊柳観音・韋駄天」
●御利益　厄除け・疾病除け

1

南北朝期の一三五三（文和二）年創建の曳山。かつては隣町の南観音山と一年交代で山を出していたが、一八七九（明治一二）年より毎年巡行に参加している。

山には、楊柳観音坐像と韋駄天立像が安置されている。観音像は天明の大火で首から下の部分を焼失。その後仏師・法橋定春（＊1）の手により修復された。観世音菩薩の前で懺悔することによって仏の心を取り戻そうとする儀式・観音懺法にちなみ、巡行時には見送の横に柳の枝を挿している。

町内である六角町には、かつて両替商の三井家や、松坂屋を創業した伊藤家などの大富豪が軒を連ねていたこともあり、十七世紀のインド絨毯の前懸「八ツ星メダリオン草花文様」をはじめ、明代末期の見送「日輪鳳凰額唐子嬉遊図」、インド製絨毯の胴懸、唐獅子牡丹などが施された房掛金具など、豪華絢爛な懸装品を多く所蔵。宵山期間中、一般見学者を山に上げず、会所飾りも非公開だが、懸装品は会所前に建つ山に飾り付けられ、路上から見ることができる。

＊1　法橋定春（ほうきょうじょうしゅん）生没年不詳。江戸期の仏師。楊柳観音坐像の墨書銘に「大佛師法橋定春」の名が残る。

❶前懸「八ツ星メダリオン草花文様」。中央に八角星文様が配される絨毯は、世界に3枚しか現存していない貴重なもの。もう2枚は函谷鉾と愛知県の徳川美術館が所蔵。❷「上り観音山」とも呼ばれる北観音山は、常に後祭の巡行の2番目を進む。真松の枝には尾長鳥。❸会所内に祀られた楊柳観音坐像。脇侍には韋駄天立像が。❹天水引「雲龍図」。巡行には天水引「観音唐草」と隔年で使用される。❺1986（昭和61）年に購入した「日輪鳳凰額唐子嬉遊図」には、子孫繁栄の願いが込められている。

南観音山

みなみかんのんやま

中世より伝わる観音像を祀り新旧の見事な懸装品が輝く

●京都市中京区新町通錦小路上ル百足屋町
●御神体「楊柳観音」
●御利益　厄除け・疾病除け

❶塩川文麟の下絵による破風飾。前面には太真王夫人と麒麟が付けられる。❷1818（文政元）年に制作された下水引「金地舞楽図」には精緻な刺繍が。❸2000（平成12）年から2年かけて新調された下水引「飛天奏楽図」。加山又造の下絵で、中国・敦煌石窟をモチーフにしている。四隅に飾られる薬玉は、薬王観音を象徴する。❹四条河原町交差点での辻廻しの風景。真松を揺らしながらゆっくりと方向転換を行う。天に向かって立てられた真松の枝には一羽の鳩が飾られている。❺見送「龍王渡海図」。山の後面には楊柳観音の象徴である柳を挿して巡行する。

江戸期は北観音山と隔年交代で巡行し、明治期より毎年巡行に参加する「くじ取らず」の山。鎌倉末期の作とも伝わる楊柳観音像［57頁］を祀る。巡行時には病を防ぐと言われる柳の枝を山の背後に挿している。

町内の百足屋町は、京都三長者の一人に数えられた茶屋四郎次郎をはじめとする豪商が軒を連ねていただけに、豪華絢爛な懸装品・装飾品が多く残されている。塩川文麟（＊1）が下絵を手掛け、青龍・白虎・玄武・朱雀の四神が描かれた天水引や、土佐光孚（＊2）の下絵をもとにつくられた下水引、山の四隅に取り付けられる菊・竹・梅・蘭を表した薬玉角飾などが揃う。

また、昭和から平成にかけて新調された加山又造（＊3）の原画［140頁］による見送と下水引も一見の価値がある逸品だ。

ほかにも、現在は巡行には使用していないが、十七世紀のペルシャで制作された異无須織と呼ばれるポロネーズ絨毯の前懸「中東連花葉文様」を所蔵し、宵山の会所飾りで不定期に披露している。

＊1　塩川文麟（しおかわぶんりん）
一八〇八～一八七七。京都生まれの四条派の絵師。山水画から人物画まで幅広い作品を描き、京都画壇の基礎を築いた。横山清暉、岸連山、中島来章と合わせ、幕末の平安四名家と称される。

＊2　土佐光孚（とさみつざね）
一七八〇～一八五二。土佐派別家の初代・土佐光貞の長男として京都に生まれる。父と共に、内裏の清涼殿や仙洞御所などの障壁画を手掛けた。

＊3　加山又造（かやままたぞう）
一九二七～二〇〇四。京都・西陣の和装図案家の長男として生まれる。東京美術学校（現東京藝術大学）卒業。東京藝術大学名誉教授。一九七〇年代より中国古典絵画を研究し、水墨画の技法や作風を取り入れた。

大船鉾

おおふねほこ

度重なる焼失から復興を遂げ　約百五十年ぶりに後祭巡行に復帰

●京都市下京区新町通四条下ル四条町
●御神体「神功皇后・安曇磯良神・住吉明神・鹿島明神」
●御利益　安産・勝運・厄除け・疾病除け

後祭の巡行の殿（しんがり）を務め、一四四一（嘉吉元）年の建立とされる。応仁の乱、天明の大火で焼失したがその都度復興を果たした。しかし幕末の元治の大火で屋形や木組・車輪などを焼失。以後休み鉾となり、一九九五（平成七）年まで御神体と懸装品を飾るだけの居祭（いまつり）を続けてきた。その後、町内の人々の間で復興への動きが起こり、一九九七（平成九）年に宵山の囃子、二〇〇六（平成一八）年に懸装品を展示する宵山の飾り席を復活。そして二〇一四（平成二六）年、鉾本体の再建も成し遂げ、約百五十年ぶりに巡行へ復帰を果たした。

　大船鉾を持つ四条町は、かつ

❶文化年間（1804〜18年）に調進された下水引「緋羅紗地波濤飛魚文肉入刺繡」。金糸で繡われた勢いある波の中で、飛魚が躍動的に舞う様子を表現。飛魚は、鉾の左右に各11体、正面に1体の計23体が描かれている。❷文政年間（1818〜30年）作の天水引「金地雲龍文紋織」。❸宝暦年間（1751〜64年）につくられた綴織の旧前懸「紅地雲龍青海文綴織」。現在巡行には2015（平成27）年に復元新調したものを使用している。❹御神体の四柱の神像を乗せ、後祭の巡行の最後尾を進む。❺船尾の舵「緋羅紗地波濤龍文様刺繡」は1871（明治4）年に制作。❻大船鉾会所にて飾られた龍頭と大金幣。

て北四条町と南四条町に分かれ、交代で巡行を受け持っていた。北四条町の年は舳先に龍頭を掲げ、南四条町の年は大金幣を掲げていたという。二〇一六（平成二八）年に龍頭が製作され、巡行に登場して以来、舳先の飾りは隔年で龍頭と大金幣に替えられて巡行している。前懸や後懸、天水引幕など、江戸期より残る懸装品は、一八〇四（文化元）年に天明の大火から復興した際につくられたものが多い。

橋弁慶山

はしべんけいやま

躍動感あふれる御神体と精緻な技巧を間近に拝む

- 京都市中京区蛸薬師通室町東入ル橋弁慶町
- 御神体「弁慶・牛若丸」
- 御利益　心身健康・厄除け・疫病除け

「くじ取らず」の山の一つで、古来、後祭の先頭を務める。謡曲「橋弁慶」に取材し、五条橋で出会った弁慶と牛若丸の一戦の場面を描く。高下駄の前歯一本のみで欄干に立つ牛若丸に、勇ましく挑む弁慶。二体の御神体人形［66頁］は非常に古く、一五六三（永禄六）年の作と伝わる。

　見事な漆塗の反り橋、壮麗な錺（かざ）りに加え、中国・日本製の懸装品の優品も見逃せない。胴懸は円山応挙（＊1）の下絵と伝わる綴織「加茂葵祭行列図」［53頁］。上賀茂・下鴨神社の例祭である葵祭で勅使の一行が社へ向かう「路頭の儀」の様子を綴錦で再現。また子孫繁栄の吉

❶狂言「鬮罪人」にも登場する山。見送がなく、四方どこからでも正面として鑑賞できる。❷大正期に町衆から寄進された五条橋。呂色塗の橋に、鴨川の流れを表す金細工の波の浮彫が映える。❸富岡鉄斎（＊2）筆の「椿石霊鳥図」を原画とした綴織の前懸は、1983（昭和58）年から巡行で使用。❹水引幕の「唐子嬉遊図」と「花鳥丸文様」、胴懸「加茂葵祭行列図」。いずれも復元新調品。❺清朝の絹綴織の官服の断片十数点を継ぎ合わせてつくられた旧前懸「波濤に飛龍文様」。18世紀前半の作と考えられ、現在は会所飾りで披露。❻弁慶の手首と足首には太い力縄が巻かれ、巡行のあとお守りとして授与される。

祥柄「唐子嬉遊図」の水引は、明代末期から清代初期頃につくられた縦長の幟状の綴織を、文化年間（一八〇四〜一八年）に裁断し横に繋いで仕立て直した希少なもの。いずれも綿密な調査のもと、平成期に入り復元新調されている。また五爪の飛龍文様が格調高い旧前懸も、中国の官服から仕立てられたもので、往時の人々の精緻な技巧が偲ばれる逸品だ。

＊1　円山応挙 ［99頁］

＊2　富岡鉄斎（とみおかてっさい）
一八三六〜一九二四。京都出身の日本画家・文人。幕末には勤皇学者として奔走したが、明治維新後は画業に専心。南画・明清画・大和絵などを研究、水墨画に独自の境地を開き、豪放大胆な筆致で知られた。

鯉山

こいやま

立身出世を叶える勇壮な鯉と貴重なタペストリーが自慢

●京都市中京区室町通六角下ル鯉山町
●御神体「素戔嗚尊」
●御利益　開運・立身出世・家内安全・厄除け・疫病除け

中国・黄河にある激流「龍門の滝」を登りきった鯉は龍になり、出世開運の神として祀られるという「登龍門」の故事に由来する。山の正面に設けられた鳥居から飛び出した尾ひれが目を引くのは、全長約一・五メートルの巨大な木彫の鯉［57頁］。その奥の社殿には御神体・素戔嗚尊を祀る。

　室町期の狂言「鬮罪人」において、毎年鯉の滝登りを題材にする町があるとされており、この頃にはすでに主題が固定されていたものと考えられている。また、ほかの山鉾と同様、天明の大火で大きな被害を受けたが、その復興の一環として、現在山を彩る懸装品の獲得に乗り出したと伝わる。その中の一つが、十六世紀後半にブラバン・ブリュッセル（現在のベルギー）で、『イーリアス』を題材に織られたタペストリー［49頁］だ。一枚のタペストリーを前懸、左右の水引と胴懸、見送に裁断し、緋羅紗地ほかの染織品と組み合わせて山の四面を飾っており、重要文化財に指定されている。後祭の巡行に参加する山だが、会所は前祭の宵山にも一部の飾りが公開される。後祭の宵山には巡行時に使うすべての飾りが展示され、大勢の人で賑わっている。

＊1　左甚五郎［102頁］

❶荒波の中を跳躍する鯉の姿が目を引く。角金具や欄縁など、金具類はすべて波濤文様で統一されている。❷タペストリー「『イーリアス』のトロイアの戦争物語（アポロン像を礼拝するプリアモス王とヘカベー）」の上下にあった横長の絵柄を左右の水引に使用。胴懸は中央の右半分から切り取っており、両側に飛龍文様の「婦人官服裁断片」を配する。❸木彫の鯉は左甚五郎（*1）の作と伝わる。明神鳥居には「八坂神社」の扁額が。❹欄縁は文様部分に厚く金を用いた厚肉彫による波濤文様。❺タペストリー中央の左半分を見送に使用。巡行時には1989（平成元）年以降に復元新調されたものが用いられている。

浄妙山

じょうみょうやま

源氏興隆の端緒となった合戦
勇猛な二体と壮麗な飾りの競演

●京都市中京区六角通烏丸西入ル骨屋町
●御神体「筒井浄妙・一来法師」
●御利益　勝運・厄除け・疫病除け

人の頭上をひらりと飛び越える瞬間を捉えた奇抜な山。平家物語の宇治川先陣争いの場面を描き、橋を渡って一番乗りをせんと大長刀を構える筒井浄妙の頭に手をつき、一来法師が宙を舞う。二体は自然木が二股に分かれた枝を生かした珍しい造り[68頁]で、浄妙像の鎧は室町後期の名品。胴丸・脛当ては重要文化財に指定されている。この合戦は平家が勝ったが、源氏が興隆するきっかけとなったため「勝運の山」と言われている。

宇治川の合戦を描く山らしく、金の擬宝珠を抱く呂色塗の宇治橋や、橋の下に沿う波文様の浮き彫、柳を描いた胴懸など川を彷彿とさせるしつらいが見事。胴懸は長谷川等伯（＊1）の原

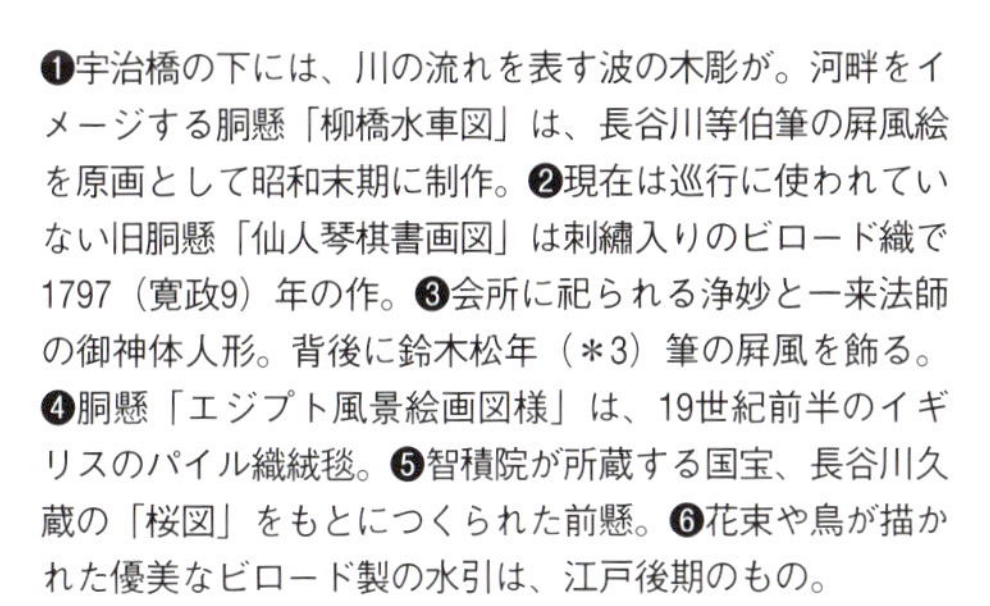

❶宇治橋の下には、川の流れを表す波の木彫が。河畔をイメージする胴懸「柳橋水車図」は、長谷川等伯筆の屏風絵を原画として昭和末期に制作。❷現在は巡行に使われていない旧胴懸「仙人琴棋書画図」は刺繍入りのビロード織で1797（寛政9）年の作。❸会所に祀られる浄妙と一来法師の御神体人形。背後に鈴木松年（＊3）筆の屏風を飾る。❹胴懸「エジプト風景絵画図様」は、19世紀前半のイギリスのパイル織絨毯。❺智積院が所蔵する国宝、長谷川久蔵の「桜図」をもとにつくられた前懸。❻花束や鳥が描かれた優美なビロード製の水引は、江戸後期のもの。

画によるもので、二〇〇七～〇八（平成一九～二〇）年には等伯・久蔵（＊2）親子の原画をもとに前懸「桜図」、後懸「楓図」も新調された。

かつて「天鵞絨（ビロード）山」の異名もとった山には、十八～十九世紀の日本製ビロード刺繍の優品が残され、会所飾りで見ることができる。十九世紀イギリス絨毯の逸品も必見。

＊1　長谷川等伯（はせがわとうはく）
一五三九～一六一〇。安土桃山期の絵師で、長谷川派の祖。狩野派に対抗する画派として、大徳寺、智積院をはじめ社寺の障壁画・天井画などを多く制作。

＊2　長谷川久蔵（はせがわきゅうぞう）
一五六八～一五九三。長谷川等伯の長男、絵師。父に学び、絵の才能は兄弟で最も優れたが、父に先んじ二六歳で早世。智積院の障壁画「桜図」、東京国立博物館所蔵の「大原御幸図屏風」などが知られる。

＊3　鈴木松年（すずきしょうねん）
一八四八～一九一八。明治期から大正期にかけて京都画壇で重きを成した日本画家。豪放剛健な作風で、山水・花鳥・人物画を得意とした。上村松園の最初の師としても知られる。

黒主山

くろぬしやま

満開の桜に彩られ 歴史と革新が融け合う

- 京都市中京区室町通三条下ル烏帽子屋町
- 御神体「大伴黒主」
- 御利益　盗難除け・泥棒除け・厄除け・疫病除け

謡曲「志賀」に取材。山桜を見に行った帝の臣下が、樵夫に姿を変えた平安期の歌人・大伴黒主の霊と出会う物語にちなみ、満開の桜とそれを仰ぎ見る黒主像が飾られる。一五〇〇（明応九）年には巡行していたという記録が残り、元治の大火で胴組などを焼失したが、十二年後には復活を果たし現在に至る。

見どころは、添山の桜をはじめとするうららかな春を感じさせる装飾品。四隅の結び房や胴懸部分の錺金具は桜花がモチーフで、黒主像の水衣も桜花散らし文。粽にも桜の造花があしらわれ、まさに桜尽くしの山だ。左右の胴懸は綴錦「草花胡蝶文」で、曙織という技法を使っ

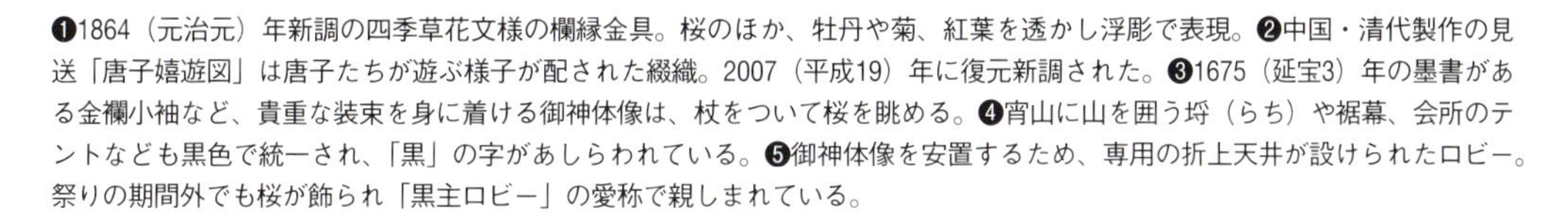

❶1864（元治元）年新調の四季草花文様の欄縁金具。桜のほか、牡丹や菊、紅葉を透かし浮彫で表現。❷中国・清代製作の見送「唐子嬉遊図」は唐子たちが遊ぶ様子が配された綴織。2007（平成19）年に復元新調された。❸1675（延宝3）年の墨書がある金襴小袖など、貴重な装束を身に着ける御神体像は、杖をついて桜を眺める。❹宵山に山を囲う埒（らち）や裾幕、会所のテントなども黒色で統一され、「黒」の字があしらわれている。❺御神体像を安置するため、専用の折上天井が設けられたロビー。祭りの期間外でも桜が飾られ「黒主ロビー」の愛称で親しまれている。

た美しいぼかしが目を引く。

会所飾りは、二〇〇五（平成一七）年より町内に建つマンションのロビーで公開。建物の奥には胴組や懸装品を収蔵する蔵が建設され、現代的な暮らしや町並みと祭りとの融合が図られている。また、うちわやTシャツなど黒色で統一された授与品が人気を博している。

役行者山

えんのぎょうじゃやま

山鉾最古の金具を有する 修験道の祖を乗せる最大の舁山

●京都市中京区室町通三条上ル役行者町
●御神体「役行者・一言主神・葛城神」
●御利益　安産・交通安全・肩こり・腰痛・厄除け・疾病除け

大きな山を支えるため轅（ながえ）は6本。1本約6メートルと全舁山の中で最長を誇る。

修験道の開祖・役行者（＊1）が葛城山の岩窟で修行していた際、鬼神に命じて山と山の間に橋を架けたという故事に由来。舁山の中で最大の台を持つ山には、役行者と一言主神、葛城神の三体の御神体像を乗せ、二本の朱傘を立てる。修験道を主題とするため、通常は神職が行う清祓の儀には京都市左京区にある本山修験宗の総本山・聖護院から山伏を招き、護摩を焚いて弓矢などで邪気を祓う。また、巡行にも山伏が法螺貝を吹きながら随行する。

町内の漆喰塗の蔵が数々の大火から御神体や懸装品、胴組を守ったと伝わり、貴重な品々を多く残す。中でも山鉾町で最古

❶胡粉塗の御頭に威厳を湛えた表情の役行者像。両脇には赤熊（しゃぐま）姿の一言主神（左）と妖艶に微笑む葛城神（右）が並ぶ。❷朝鮮の軍旗を並べた見送「雲龍文」は、袋中上人（＊2）が請来したと伝わる。❸巡行時は法螺貝の太い音を響かせながら山伏が山を前導する。❹角金具は17世紀末～18世紀前半の作で、現存する山鉾の金具類で最古。会所飾りでのみ公開。

の旧欄縁角金具や緻密な意匠の欄縁金具、兎や烏など多彩なモチーフの錺金具など、新旧の金具類は一見の価値あり。宵山期間には三体の御神体が蔵の中で公開される。蔵の横には、役行者が時空を超えて移動した際の出入り口と伝わる「一言井戸」や、役行者が腰掛けたという「行者石」が残されている。石を触れれば肩こりや腰痛改善の御利益があると人気を集めている。

＊1　役行者（えんのぎょうじゃ）
伝六三四～七〇一。七世紀末に大和の葛城山を中心に山岳修行をした呪術者で、修験道の開祖。全国各地の霊山を開いたと言われ、超常能力を用いたという多くの奇跡が伝えられている。

＊2　袋中（たいちゅう）
一五五二～一六三九。浄土宗の学僧。明への渡航を企図し、琉球王国滞在中に浄土宗を布教した。京都市左京区の檀王法林寺をはじめ多くの浄土寺院を創建・中興した。

鈴鹿山

すずかやま

交易の町を守る勇ましい立ち姿 能に由来する悪鬼退治の女神

●京都市中京区烏丸通三条上ル場之町
●御神体「鈴鹿権現（瀬織津姫命）」
●御利益　雷除け・安産・盗難除け・厄除け・疫病除け

約170センチ超の鈴鹿権現像が神面を着けて立つ。真松に掛かる絵馬は盗難除けの御利益があるとされ、巡行後に町内の関係者に配布される。

鈴鹿山が立つ場之町は、室町期には「三条米場之町」と呼ばれ、幕府公認の米場があった。米の一大流通センターを守る町の人々が、常に盗難と往来の安全を危惧したことは想像に難くない。山に乗る鈴鹿権現（瀬織津姫命）は、伊勢国の鈴鹿山で悪鬼を退治したという女神。当時、人々にとって鈴鹿山といえば盗賊や悪鬼が想起された。山形県の庄内地方に伝わる黒川能に今も残る能「鈴鹿山」は、坂上田村麻呂とともに悪鬼を退治する鈴鹿姫（鈴鹿権現）を描く。山の趣向は、このような能や伝承に取材したと考えられる。金烏帽子に大長刀を携える勇ましい姿の鈴鹿権現。江戸期制作の

❶2002（平成14）年に今井俊満（＊2）原画の胴懸が綴織で新調された。東面は「桜図」。❷会所に飾られる西面の胴懸「紅葉図」。❸山鹿清華下絵の欄縁「山瑞和親」。松鷹・菊兎・紅葉鹿などを精緻に浮き彫にした肉厚の豪華なもの。❹1989（平成元）年に新調された綴錦の前懸「黄砂の道」。川島織物セルコンが製作し、デザインは上原茂が手掛けた。

神面を付け、能装束をまとえばひときわ神性を帯びる。着付けは観世流の能楽師・分林家が代々務めている。

近年新調された前懸「黄砂の道」では、かつての交易の町を象徴する駱駝が描かれた。前懸はじめ幕の上辺を彩る欄縁金具は、町内の染織作家・山鹿清華（＊1）の下絵による四季花鳥文様で肉厚・精緻な彫金が目を引き付ける。

＊1　山鹿清華　[101頁]
＊2　今井俊満（いまいとしみつ）
一九二八〜二〇〇二。京都出身の洋画家。抽象表現主義のアンフォルメル運動に加わり、国際的な美術家として評価された。琳派をはじめとする伝統絵画を引用した「花鳥風月」シリーズでも知られる。

八幡山

はちまんやま

**総金箔の祠に応神天皇を祀る
江戸期の祇園祭を描く屛風も必見**

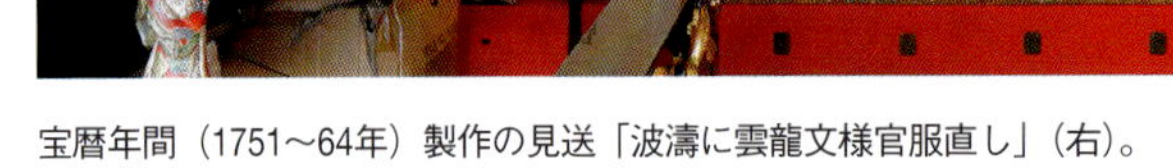

宝暦年間（1751〜64年）製作の見送「波濤に雲龍文様官服直し」（右）。

●京都市中京区新町通三条下ル三条町
●御神体「八幡神・応神天皇」
●御利益　子どもの健康祈願・夜泣き封じ・夫婦和合・厄除け・疾病除け

京都府八幡市の石清水八幡宮から勧請し、普段は町会所の庭に祀る八幡神と、応神天皇を御神体とする山。山上の総金箔製の小祠の中には、運慶（＊1）の作と伝わる応神天皇騎馬像を安置。朱塗の鳥居の上には、八幡宮のシンボルであり、左甚五郎（＊2）作と伝わる雌雄一対の鳩が飾られる。この鳩は夫婦和合の御利益があると信仰を集めている。

巡行の飾り付けは、いずれも綴織で唐獅子・麒麟・獏を表した前懸と胴懸の組み合わせと、漢詩を織り込んだ前懸と龍の胴懸の二種があり、毎年交互に飾り付けを行っている。水引には一八〇九（文化六）年製作の刺繍「金地花鳥仙園図」を使用していたが、一九八六（昭和六一）年より不老長寿を表す刺繍「十長生図」を用いている。

また、寛永年間（一六二四〜四四年）の後祭の巡行の様子を描いた、海北友雪（＊3）筆の「紙本金地著色祇園祭礼図屛風」［30〜31頁］を所蔵。江戸初期の祇園祭の様子を知る貴重な史料として京都市指定有形文化財に指定されている。

＊1　運慶（うんけい）
生年不詳〜一二二四。平安末期から鎌倉初期にかけて活躍した仏師。奈良・東大寺南大門「金剛力士立像」を代表とする作品は、男性的な力強い表情が特徴。

＊2　左甚五郎［102頁］

＊3　海北友雪（かいほうゆうせつ）
一五九八〜一六七七。海北友松を父に持ち、江戸初期を代表する絵師の一人。狩野探幽に学び、春日局の推挙により徳川家光に召し抱えられた。

❶鳥居の上には、八幡神の使いとされる鳩が付けられる。❷左甚五郎作と伝わる鳩の木像は、復元新調品と並んで会所飾りで展示される。❸会所では夫婦和合に御利益があるとされる鳩の土人形を授与している。❹町内の家や店の軒先には揃いの幔幕が飾られる。❺1838（天保9）年作と伝わる、舁き棒の先端を飾る轅先（えんさき）金具。写真左の金具には、細かい粟粒を敷き詰めたように見せる魚々子打（ななこうち）の技法が用いられている。❻欄縁に取り付けられる鶴の金具は、1836（天保7）年の製作。

鷹山

たかやま

二百年の眠りから目覚め 復興に挑む休み山

●京都市中京区三条通室町西入ル衣棚町
●御神体「鷹遣・犬遣・樽負」
●御利益　開運招福・厄除け・疾病除け

❶祭り期間中は会所にて、鷹を腕に乗せる鷹遣と、犬遣、樽負の3体の御神体が公開される。鷹山に残る江戸期以前の品は、御神体の頭と手のみ。❷町内では鷹や犬などをモチーフにした可愛らしい授与品をそろえている。

数々の天災や戦乱により巡行ができなくなるも、復帰を志して会所飾りなどを続ける山を「休み山」と呼ぶ。その一つ、鷹山は、鷹狩りを主題に三体の御神体像を乗せた人気の山だったが、一八二六（文政九）年の暴風雨により大破。さらに一八六四（元治元）年の元治の大火でそのほとんどを焼失した。その後幾度も復興を試みるも資金と人手の不足により頓挫してきたが、近年復興への気運が高まり注目を集めている。公益財団法人鷹山保存会理事長の山田純司さんは「復興へ向けての活動は、まるで御神体が『そろそろ長い眠りから覚めたい』と仰っているかのように、数々の巡り合わせに助けられ着々と進んでいます」と話す。

二〇一二（平成二四）年、復興への第一歩として取り組んだのは囃子の復活。囃子曲の伝承は途絶えていたが、幸運にも長年北観音山の囃子方を務めるメンバーが町内にいたため、北観音山の囃子をもとに新たな旋律がつくられ、二〇一七（平成二九）年には囃子方四十八名が集う大所帯に。その中には公認会計士や税理士がおり、彼らの尽力で、二〇一五（平成二七）年に発足した保存会は翌年に公益財団法人化。税法上のメリットも得られるようになり、復興への大きな足がかりとなっている。

さらに祇園祭は各町が山鉾の絢爛さを競い合いながら発展を遂げてきた反面、町同士の助け

❸休み山となってから5年後の1831（天保2）年の「鷹山御神体人形図」。衣裳の模様や小物の詳細まで記されており、復興のための貴重な資料となっている。

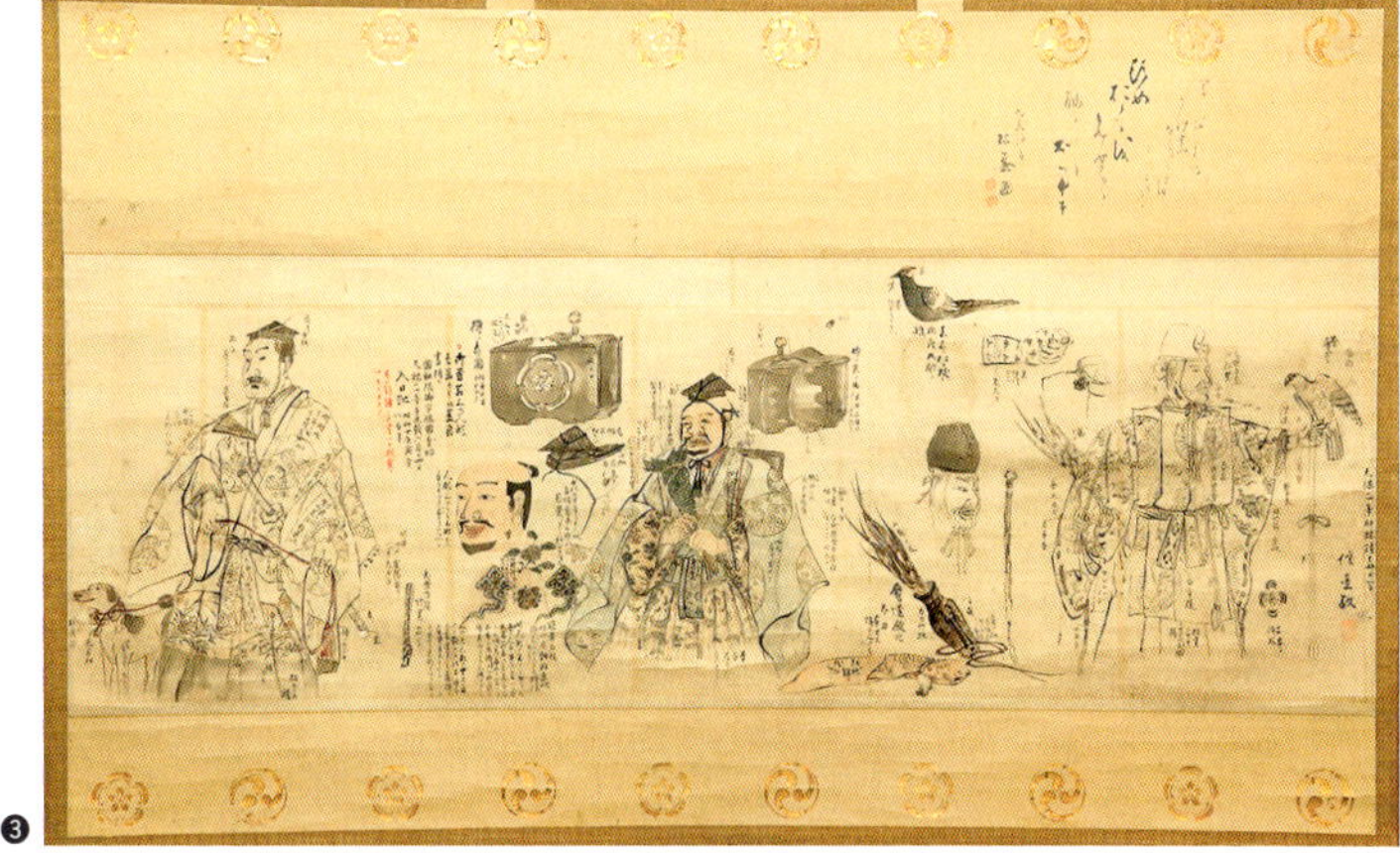

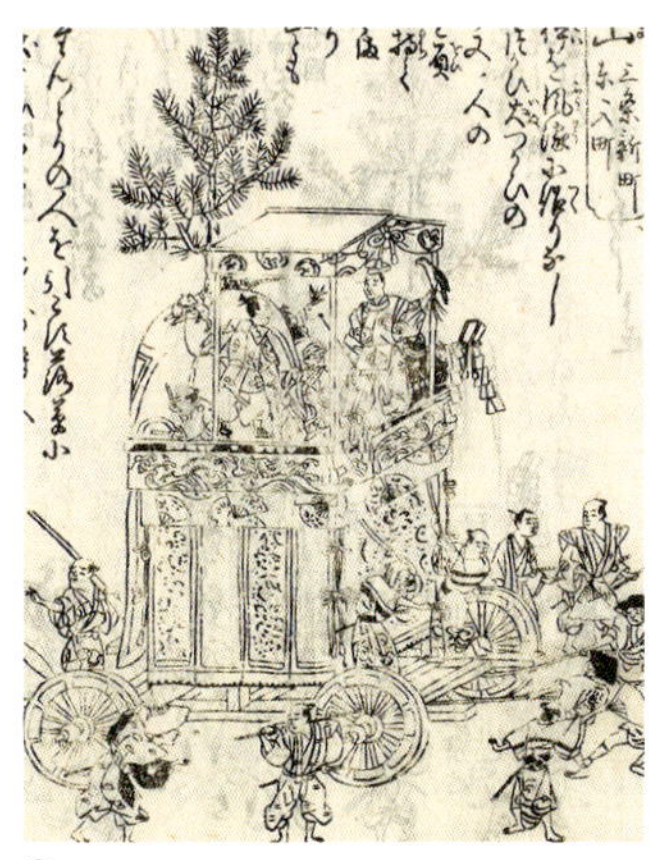

❹1864（元治元）年の大火で焼け残った鉦（かね）。当時の音色を再現した鉦を2017（平成29）年に新調。❺1757（宝暦7）年刊『山鉾由来記』（お茶の水女子大学蔵）。屋根がある姿が描かれた最古の絵画史料。❻往時の鷹山の復元図。中川未子（よろずでざいん）作図。

合いで守り継がれてきた歴史を持つ。古文書には、かつて鷹山が前祭の巡行後の船鉾から車輪を借りて巡行したという記録も。今回の復興も、ほかの町の協力を得ながら進められている。

　様々な追い風を受け、現在、残されたわずかな手がかりをもとに鷹山の往時の姿について緻密な調査が進んでいる。絵画や文献を照合し、赤地に鳳凰と雲をあしらった図柄の天水引をはじめ懸装品の詳細が明らかになりつつある。鉦は、焼損した鉦の成分分析を経て新調し、往時の音色を蘇らせた。また、山の木組みの構造は、現存するほかの曳山を参考に研究が進んでいる。染織品や金工品など各分野の専門家が集う「鷹山調査委員会」による精密な調査も、復興への大きな支えとなっている。

　最後の巡行から二百年の節目となる二〇二六年までには、鷹山が都大路を行く待望の姿が見られそうだ。

祇園祭を〝もっと知る〟用語集

祇園祭を楽しむために知っておきたい言葉を、本書の記事に出てくる用語を中心に紹介します。

祭りの基本

山鉾町［やまほこちょう］
東洞院通・油小路通・姉小路通・松原通に囲まれた範囲のうち、山や鉾を持ち巡行を行う町内。それぞれ町の住人が山鉾を管理・運営する。宵山には会所飾りを行う。

懸装品［けんそうひん］
山鉾などを装飾する、染織品や金工品、漆工品などの品々の総称。

粽［ちまき］
笹の葉でつくられた疫病・災難除けのお守り。祭り期間中にのみ、各山鉾の会所や八坂神社で授与される。八坂神社の祭神・素戔嗚尊（牛頭天王）が、旅路で一夜の宿を求めて蘇民将来という男の家を訪ねて快くもてなされ、目印に腰に茅の輪を付けていれば末代まで疫病から守ってやると言ったという伝説から、「茅」を束ねて「巻」いた「茅巻（粽）」がつくられるようになった。粽には「蘇民将来子孫也」などの文言が記された護符が付けられる。

駒形提灯［こまがたちょうちん］
宵山で、各町内に留められた山鉾の前に据えられる提灯群。山鉾によって形や大きさはさまざま。名前の由来は、連なった提灯の形が将棋の駒に似ていることなど諸説ある。

休み山・休み鉾［やすみやま・やすみほこ］
火災や自然災害の被害、町内の事情などによって巡行に参加できなくなった山鉾。

居祭［いまつり］
休み山・休み鉾が宵山の期間中、御神体や懸装品などを飾ること。

懸装品

織物

唐織［からおり］
中国から渡来した織物。また、日本でそれをまねて織った織物。地糸とは別に色糸や金銀糸を用いて、花鳥風月などを表現した模様を刺繍のように織り出す技法を呼ぶ場合もある。

綴織［つづれおり］
緯糸を全幅に通さず、その色の部分だけを往復させることで美しい模様を表す、平織の一種。数百色の緯糸を使うこともあり、手間のかかる高級織物の代表的技法の一つ。織り手は経糸の下に置いた実物大の下絵を見ながら織り進める。毛綴とは、獣毛を使った綴織の意。

パイル織［ぱいるおり］
布生地の表面に、下地から出した繊維・パイルを織り出した織物。パイルにはループ状のものと、カットした毛羽状のものがある。経糸でパイルをつくった組織には、タオルやビロード、緯糸でパイルをつくったものには、別珍やコーデュロイなどがある。

ビロード織［びろーどおり］
パイル織の一種。パイルをカットし短く直立させた毛羽で布の表面を覆った織物。見事な光沢と滑らかな肌触りから、高級織物とされてきた。パイルの密度が高いほど高級とされる。「天鵞絨」とも呼ばれる。

ゴブラン織［ごぶらんおり］
もともとはフランスの染織一家・ゴブラン家の工房でつくられた綴織タペストリーを指し、人物や静物、風景などを多色の色糸で織り出したもので、精巧さ・重厚さが特徴。日本では中世フランドル地方の綴織タペストリーを指すことも多い。

錦［にしき］
美しく模様を織り出す紋織物のうち、金銀糸や多彩な色糸などを用いた特に煌びやかなものをいう。その中でも、光沢の強い繻子地に多色の緯糸を用いて華麗な模様を織り出したものを繻珍という。

羅紗［らしゃ］
羊毛を起毛させた密度が高く厚い毛織物。室町末期頃から江戸期にかけて南蛮船で輸入され、陣羽織や火事羽織に用いられた。明治期には日本でも生産されるようになった。

タペストリー
壁掛けや椅子の背当て、テーブル掛

けなど、室内装飾用につくられた綴織などの織物。多彩に染めた緯糸を経糸に加え、絵画的な模様を自由に織り出す。

絨毯［じゅうたん］
敷物として用いる厚い毛織物などの総称。

段通［だんつう］
絨毯のうち、竪機（たてばた）で経糸を垂直に掛けて織った高級手織物。地糸に綿や麻、羊毛などを用い、さまざまな織込糸で模様を付けた厚い織物。中国・インド・ペルシャなどの原産で、日本へは中国から輸入され、江戸時代に国内でも生産が開始された。

❖染物

友禅染［ゆうぜんぞめ］
花鳥山水といった自然などを図案化した具象柄を、多彩な色で表現する日本独自の華やかな染色法。元禄期、京都の扇絵師・宮崎友禅斎が小袖に花鳥画を描いたことが語源といわれる。

ろうけつ染［ろうけつぞめ］
絵柄部分に蜜蠟やパラフィンなどを塗って防染して染色し、熱で蠟などを除くことでその絵柄を浮き出させる模様染の一種。インドに起こり、中国を経て日本にも伝えられ、飛鳥・奈良期に盛行。

更紗［さらさ］
草花や鳥獣、人物など、さまざまなモチーフを染め出した木綿などの布。濃厚な臙脂（えんじ）や藍、緑や黄など独特な色彩を用い、異国を思わせるデザインが多く見られる。原産地はインドといわれ、室町末期から江戸期にかけて南蛮船によって輸入された後、日本各地でもつくられるようになった。

❖刺繍

京繍［きょうぬい］
絹糸や金銀糸を含む多色の糸を使って、絹織物や麻織物などに模様を繍い表す装飾技法。十二単や能装束などに用いられながら京都で発展し、現在では繍切りやまつり繍など約三十種類の技法が存在する。

金駒繍［きんこまぬい］
刺繍針に通せない太さの金糸を木製の糸巻き・駒に巻き、それを転がして金糸を下絵に這わせ、糸で留めていく刺繍技法。

肉入繍［にくいれぬい］
刺繍に立体的なボリュームを加えるため、図柄に紙や糸、布や綿などを入れて繍う刺繍の技法。ステッチを重ねて立体的に模様を繍い出す方法を呼ぶ場合もある。

絽刺［ろざし］
薄く透き通った絹織物・生絽（きろ）の織目の隙間を利用し、直線的に繰り返し針を刺して柄を生み出す刺繍技法の一つ。

❖金工・木工

浮彫［うきぼり］
表面に凹凸を付けることで、形を背景素地から浮き上がらせて模様を表す彫塑技法の一つ。

肉彫［ししぼり］
立体的な金具をつくる彫金技法。地金を彫り崩してモチーフの形を彫り出す「丸彫（まるぼり）」と、金属板を裏から叩いて模様を打ち出す「打出（うちだし）」がある。また、肉の厚いものを高肉彫、薄いものを薄肉彫という。

鍍金［ときん］
金属などの表面をほかの金属の薄い膜で覆い、装飾・防食する技法。メッキ。金属と水銀を合わせペースト状にしたものを塗り、熱して水銀を蒸発させることで定着させる。

魚々子打［ななこうち］
古くからある金属の装飾技法の一つ。模様地を埋め尽くすように金属を打ち、無数の小さな円模様を打ち出して、表面に変化や味わいを付ける。

螺鈿［らでん］
漆工・木工の装飾法の一つ。夜光貝や鮑貝などの貝殻を磨いて輝く薄片にする。それを模様に合わせて切り、器物などに嵌め込んだり漆の接着性を利用して貼り付けたりする技法。

呂色塗［ろいろぬり］
漆塗の技法の一つ。漆の上塗りのあと表面を炭や鹿の角粉などで研ぐことで、光沢のある端正な仕上がりになる。

❖その他

胡粉［ごふん］
日本画や日本人形に用いられる白色の顔料。ホタテやカキの貝殻や石灰石の微粉末からつくる。

瓔珞［ようらく］
寺院や仏壇、神輿の装飾具の一つ。もとはインドの貴人が貴金属を繋げて頭や首などに掛ける装身具だったものが仏教に取り入れられ、天蓋や建築物の破風、神輿などに付ける垂飾も指すようになった。

＊祇園祭に関する用語は、24～28頁「祇園祭の一か月」、36～38頁「神輿」、82～87頁「山鉾の見方、楽しみ方」などでも紹介しています。

神輿渡御マップ

八坂神社の御祭神の分霊は7月15日の宵宮祭で、中御座・東御座・西御座の3基の神輿に遷され、17日の神幸祭で市中の氏子地域を巡って、四条寺町の御旅所へ。この日巡るのは神社付近の祇園界隈から市の中心部。その後7日間鎮座した神輿は、24日の還幸祭で、さらに広い範囲の氏子地域を巡りながら八坂神社へと還る。

〈凡例〉 ：中御座神輿（青線）
：東御座神輿（橙線）
：西御座神輿（緑線）

※神輿渡御ルートは年により変更になる場合があります

※時間は目安です

7月17日
神幸祭（しんこうさい）神輿渡御ルート

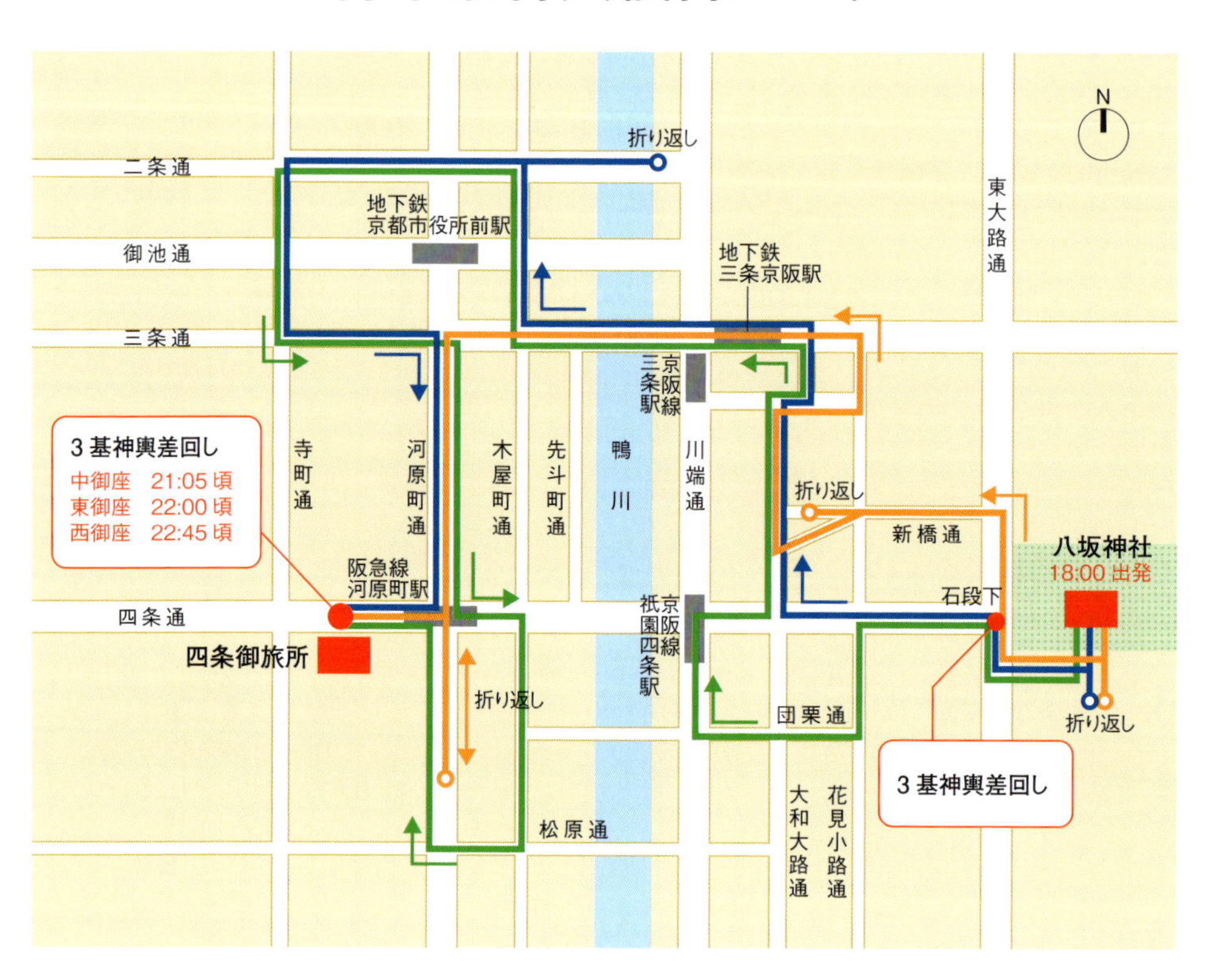

氏子地域とは

八坂神社の氏子地域は、北は二条通から南は松原通、東は東大路通から西は千本通までの広いエリア。神幸祭・還幸祭ではこの地域内を三基の神輿が巡る（東御座には子ども神輿の東若御座神輿が帯同）。この地域内の二十五の旧小学校区ごとに構成された氏子組織・清々講社や、三つの神輿会が、氏子から浄財を集め神輿渡御を支えている。

三基の神輿の見分け方

中御座・東御座・西御座の三基の神輿は、その形や屋根に注目すると見分けやすい。それぞれ胴体は六角形・四角形・八角形で、屋根の先端には中御座と西御座が鳳凰、東御座は宝珠を載せている。また、神輿の舁き手（担ぎ手）は、中御座はうろこ紋、東御座は「若」、西御座は「錦」の文字が入った法被を着ている。

祇園祭の神輿の掛け声

祇園祭の神輿からは「ワッショイ」ではなく、「ホイット！ホイット！」という掛け声が聞こえてくる。高く突き上げて神輿を回す「差回し」など勇壮な場面では、より大きな声が響く。ゆっくり進むとき東御座神輿では「ヨーサー、ヨーサー」など、三基は掛け声や手拍子の調子も少しずつ異なるので、聞き比べるのも一興。

7月24日

還幸祭神輿渡御ルート

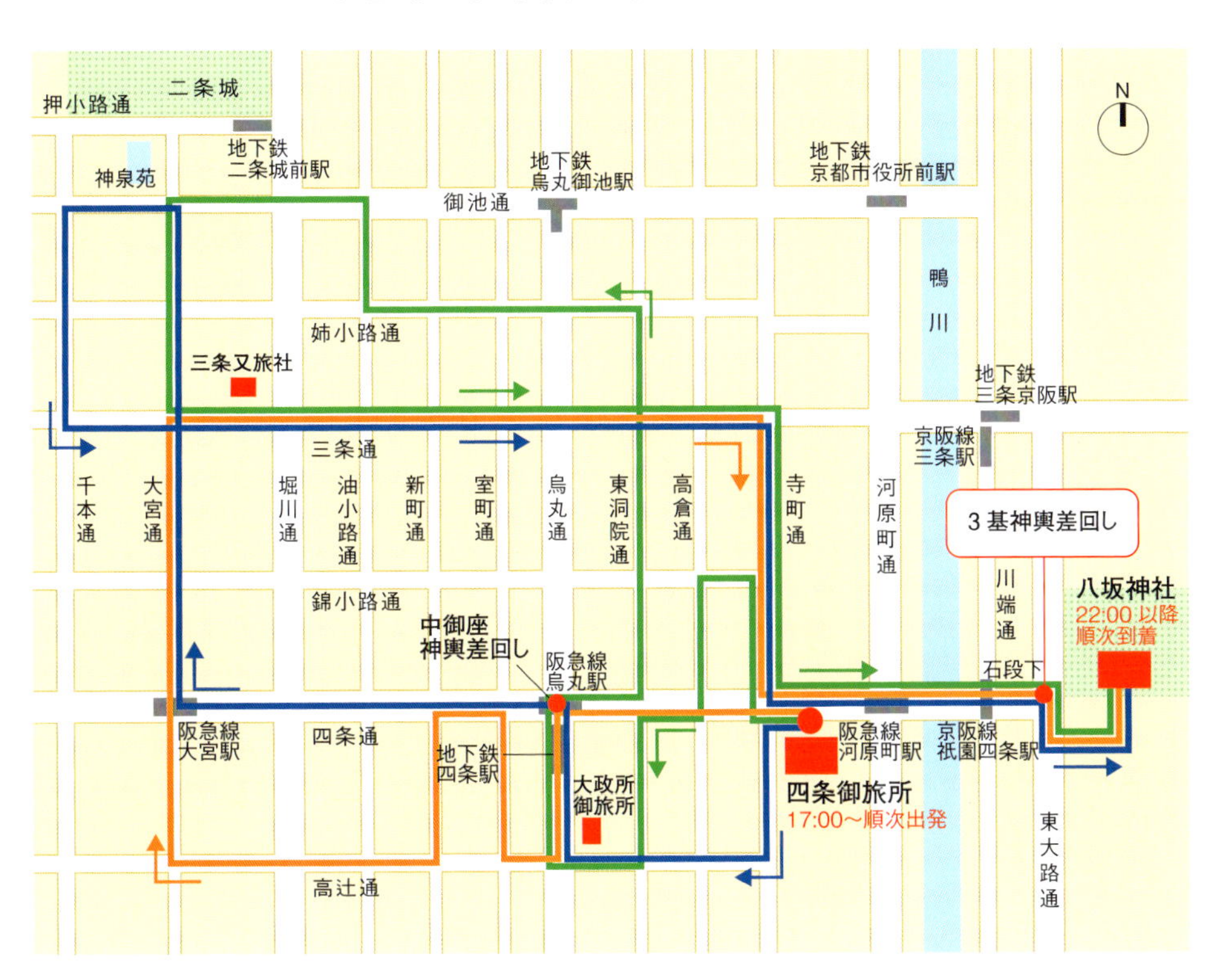

山鉾巡行マップ

「くじ改め」とは?

山鉾巡行の順番が、くじ取り式で決められた通りであるかを確認する神事。くじ改めの場（前祭では四条堺町、後祭では京都市役所前）で各山鉾町の町行司が奉行役の京都市長へくじ札を差し出す所作に注目が集まる。

山鉾は前祭23基、後祭10基の全33基。宵山期間は各町内の会所付近に立つ。前祭の山鉾巡行では四条烏丸から出発し、八坂神社の西楼門から延びる参道、四条通を東へ進み、四条河原町→河原町御池→新町御池と反時計回りのルートで巡行する。それに対し、後祭では烏丸御池から河原町御池→四条河原町→四条烏丸へと逆向きの時計回りで巡行し、各山鉾町へと帰る。

7月17日前祭・山鉾巡行

山鉾位置・山鉾巡行ルート

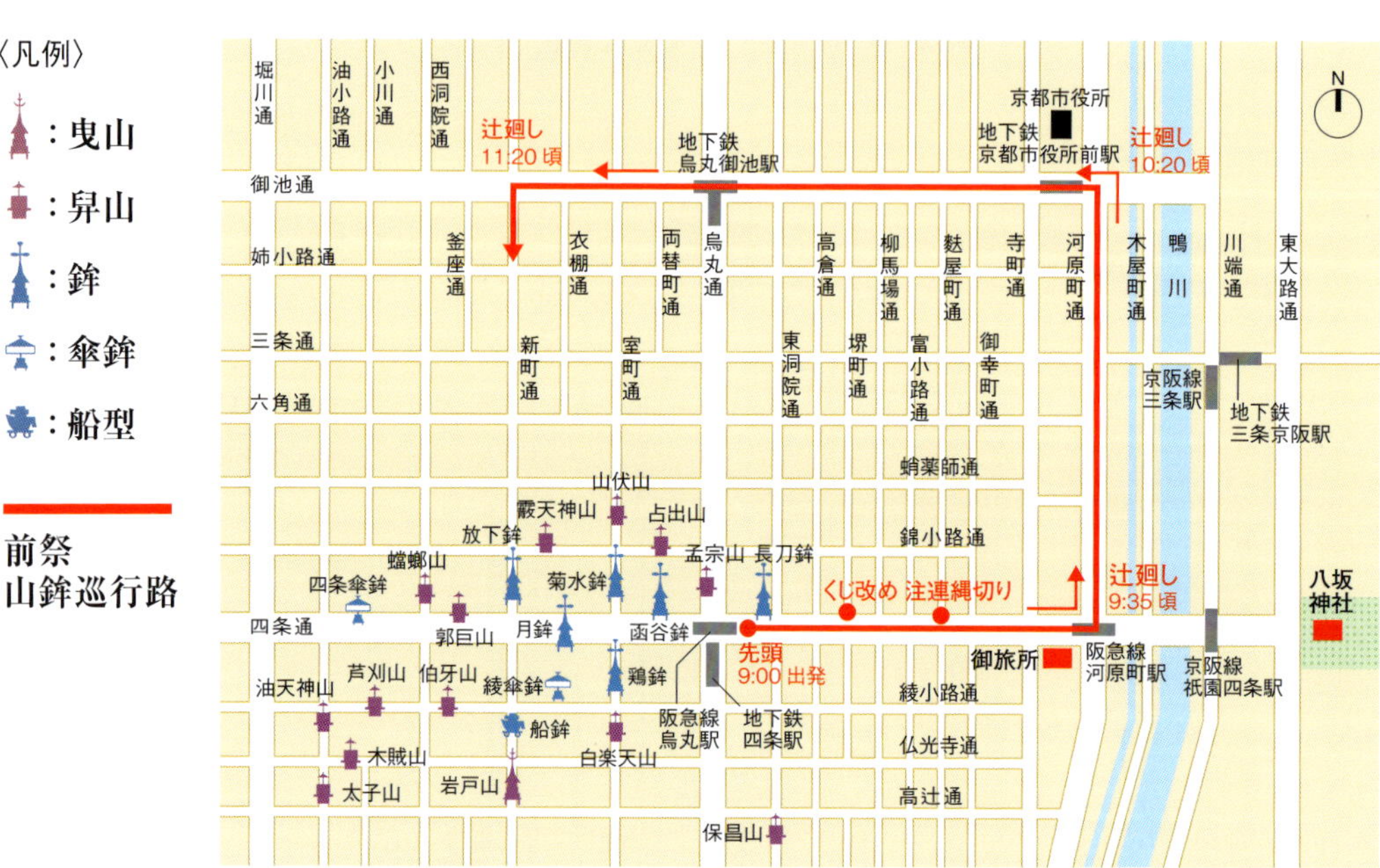

〈巡行ルート時間〉

四条烏丸	→	四条河原町	→	河原町御池	→	新町御池
9：00出発		9：35頃		10：20頃		11：20頃

※時間は先頭通過の目安です

「注連縄切り」とは?

先頭を進む長刀鉾の稚児が、四条麩屋町で斎竹に張られた注連縄を太刀で切り落とす。これにより神域との結界が開放され、山鉾が先へ進むことができるとされる。

「辻廻し」とは?

青竹を敷き、その上に車輪をのせて山鉾の向きを九十度転換させること。舁山は担いで行う。四条河原町・河原町御池・新町御池の交差点で行われる、山鉾巡行のハイライト。

おすすめ鑑賞スポット

辻廻しのポイントや巡行の出発点、河原町通・四条通付近を中心に混雑するが、道幅の広い御池通では山鉾の連なる光景が比較的ゆっくり見られる。また座って鑑賞するなら有料観覧席(174頁参照)もおすすめ。

耳より穴場情報

巡行前後の各会所付近に注目。当日は早朝六時台から準備が始まり八時台には飾り付けが完成し、山鉾の装飾が間近で見られる。また巡行から戻った山鉾の解体や会所前で行う綾傘鉾の棒振り囃子も見もの。

おすすめ移動手段

混雑と交通規制を避けるには徒歩や電車移動がおすすめ。四条烏丸—四条河原町間は阪急電車、四条烏丸—烏丸御池間、烏丸御池—河原町御池間の移動は地下鉄を利用すると効率的だ。

7月24日後祭・山鉾巡行

山鉾位置・山鉾巡行&花傘巡行ルート

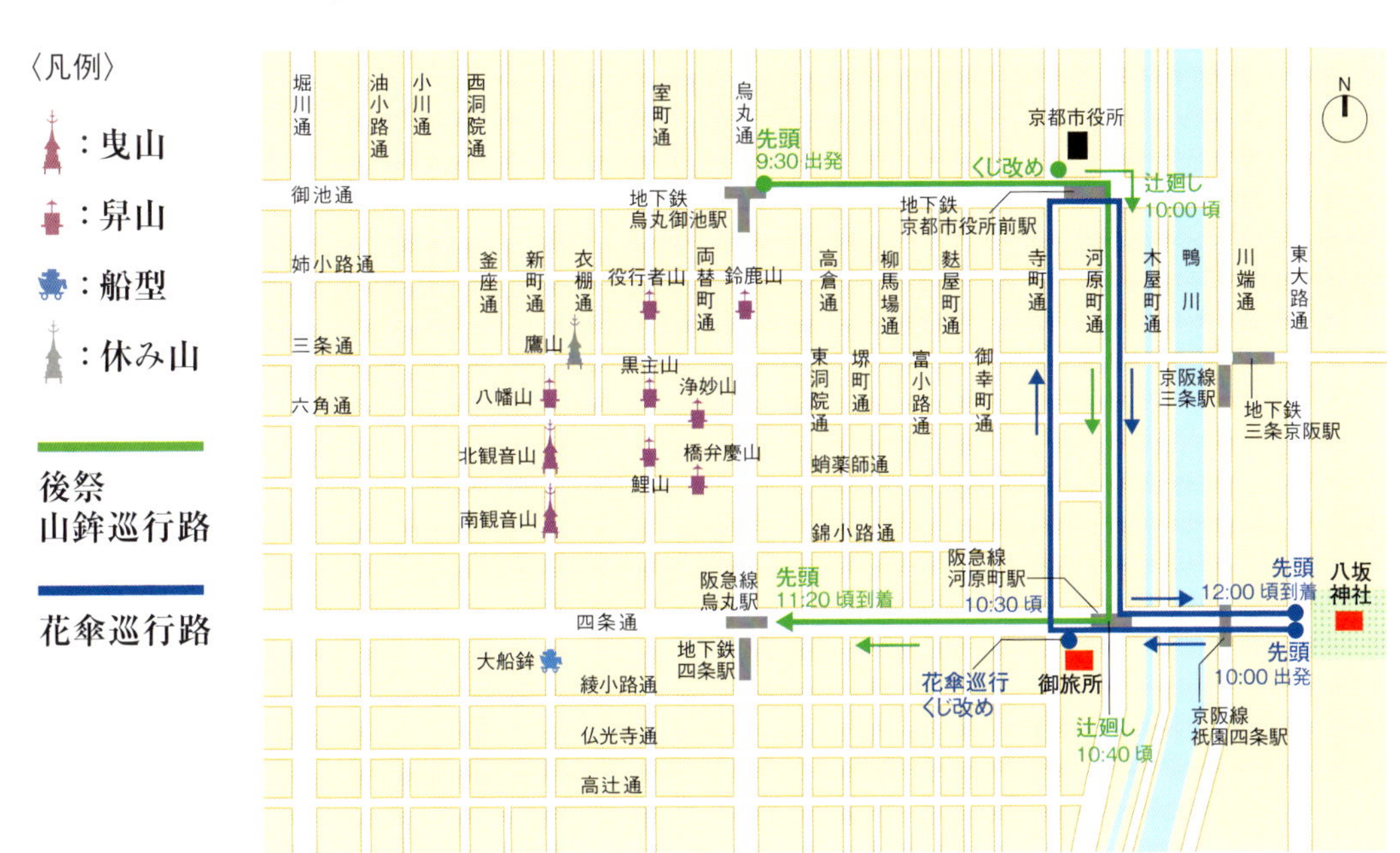

〈巡行ルート時間〉

後祭 山鉾巡行ルート
烏丸御池 9:30出発 → 河原町御池 10:00頃 → 四条河原町 10:40頃 → 四条烏丸 11:20頃

花傘巡行ルート
八坂神社 石段下 10:00出発 → 四条寺町 10:30頃 → 八坂神社 石段下 12:00頃

祇園祭お役立ち情報

出かける前にチェック！

◎見逃せない行事と神事について再確認！

■前祭
宵山　7月14日～16日
山鉾巡行　7月17日 9時
四条烏丸から出発

■神幸祭
神幸祭　7月17日 16時頃
八坂神社境内にて
神輿渡御　7月17日 18時頃
八坂神社石段下から出発

■後祭
宵山　7月21日～23日
山鉾巡行　7月24日 9時30分
烏丸御池から出発

■還幸祭
神輿渡御　7月24日 17時頃
四条御旅所から順次出発
還幸祭　7月24日 23時頃
八坂神社境内にて

＊祇園祭の主な行事日程・時間等の問い合わせ
ハローダイヤル 050－5548－8686
（2018年6月1日～7月31日 8時～22時）
公益財団法人 祇園祭山鉾連合会
http://www.gionmatsuri.or.jp
（問い合わせ電話番号は2019年以降変更の場合もあります。右記HPでご確認ください）

◎有料観覧席でゆったりと山鉾巡行鑑賞はいかが？

前祭の7月17日と後祭の7月24日に御池通に設置される有料観覧席では、パンフレットや日除け帽子付きでゆったり鑑賞できる。全席指定の一般有料観覧席のほか、山鉾の由来解説などが聞けるイヤホンガイド付きの辻廻し観覧プレミアム席他もある。

■観覧席設置場所…〈前祭〉御池通の寺町通から新町通の間　〈後祭〉御池通の河原町通と寺町通の間（京都市役所前）

■販売場所…全国の旅行会社やコンビニエンスストア、京都総合観光案内所「京なび」、京都市河原町三条観光情報コーナー、京都市観光協会ウェブサイトなど

※券種により販売場所が異なる。辻廻し観覧プレミアム席は京都市観光協会ウェブサイトでのインターネット販売のみ。
※販売開始は6月初旬頃から。

＊問い合わせ
京都市観光協会
☎075－213－1717（10時～18時）
http://www.kyokanko.or.jp

◎鑑賞に便利なアクセスは？

■前祭の宵山や山鉾巡行の起点になるのが「四条烏丸」。京都駅からは、市営地下鉄烏丸線を利用して、四条駅で下車するのがスムーズ。乗車時間約4分、乗り換えなしで行ける。

■後祭の山鉾巡行の起点となるのは「烏丸御池」。市営地下鉄烏丸線四条駅の次の駅、烏丸御池駅で下車を。京都駅から約6分。

■神輿神事や各種奉納行事などが行われる八坂神社最寄りの「祇園」へは市バスでも行けるが、かなりの混雑が予想される。京都駅からJR奈良線で一駅の東福寺駅にて京阪線に乗り換え、祇園四条駅へ向かう方法もおすすめだ（京都駅で京阪連絡切符が購入可能。移動総時間は約20分）。祇園四条駅から八坂神社へは、四条通を東へ歩いて約9分。

◎主要参考文献・資料

祇園祭編纂委員会・祇園祭山鉾連合会編『祇園祭』筑摩書房　1976年
山崎久松著『曳山人形戯現状と研究』東洋出版　1976年
松本元著『祇園祭細見―山鉾篇』郷土行事の会　1977年
平野利太郎著『日本の刺繡』雄鶏社　1987年
祇園祭山鉾連合会編『祇園祭山鉾懸装品調査報告書 渡来染織品の部』1992年
祇園祭山鉾連合会・京都府京都文化博物館・京都新聞社編『祇園祭大展―山鉾名宝を中心に―』京都新聞社　1994年
芳井敬郎編著『祇園祭』松籟社　1994年
谷直樹・増井正哉編『まち祇園祭すまい 都市祭礼の現代』思文閣出版　1994年
植木行宣・中田昭著『祇園祭』保育社　1996年
脇田晴子著『中世京都と祇園祭 疫神と都市の生活』中央公論新社　1999年
真弓常忠著『祇園信仰 神道信仰の多様性』朱鷺書房　2000年
八木透編著『京都の夏祭りと民俗信仰』昭和堂　2002年
社団法人 日本工芸会編『日本伝統工芸 鑑賞の手引』芸艸堂　2004年
木村万平著・井口和起監修『職・住・祭 共存のまち　百足屋町史』百足屋町史 巻一　南観音山の百足屋町史刊行会　2005年
百足屋町史編纂委員会監修『祇園祭 南観音山の 百足屋町今むかし』百足屋町史 巻二　南観音山の百足屋町史刊行会　2005年
島田崇志著・森谷尅久監修『写真で見る 祇園祭のすべて』光村推古書院　2006年
鯉山保存会編『祇園祭 鯉山』2006年
『京都 祇園祭手帳』河原書店　2007年
河内将芳著『祇園祭と戦国京都』角川学芸出版　2007年
『らくたび文庫 別冊 京の夏、祇園祭!』コトコト　2008年
川嶋將生著『祇園祭 祝祭の京都』吉川弘文館　2010年
京都市文化市民局文化芸術都市推進室文化財保護課編『写真でたどる祇園祭山鉾行事の近代』2011年
祇園祭山鉾連合会編『京都近郊の祭礼幕調査報告書 渡来染織品の部』2013年
祇園祭山鉾連合会編『祇園祭山鉾懸装品調査報告書 国内染織品の部』2014年
吉田孝次郎監修・下間正隆著『イラスト祇園祭』京都新聞出版センター　2014年
河内将芳著『絵画史料が語る祇園祭 戦国期祇園祭礼の様相』淡交社　2015年
『改訂新版 祇園祭のひみつ』白川書院　2015年
祇園祭山鉾連合会編『祇園祭山鉾錺金具調査報告書』Ⅰ/Ⅱ/Ⅲ　2016年/2017年/2018年
井上満郎監修『長刀鉾　財団設立五十年史』長刀鉾保存会　2016年
ビデオ『祇園さんのお神輿　―六十七年ぶりの中御座修復作業の記録―』森本錺金具製作所　1999年
ビデオ『京都 祇園祭』関西テレビ放送/ポニーキャニオン　2009年
ビデオ『京都・祇園祭 ~至宝に秘められた謎~』NHKエンタープライズ 2015年

◎取材協力（順不同）

八坂神社

公益財団法人祇園祭山鉾連合会

京都市文化市民局文化芸術都市推進室文化財保護課

公益財団法人長刀鉾保存会／公益財団法人函谷鉾保存会／公益財団法人鶏鉾保存会／公益財団法人菊水鉾保存会／公益財団法人月鉾保存会／公益財団法人放下鉾保存会／公益財団法人祇園祭船鉾保存会／公益財団法人岩戸山保存会／公益財団法人保昌山保存会／孟宗山保存会／占出山保存会／公益財団法人山伏山保存会／公益財団法人霰天神山保存会／公益財団法人郭巨山保存会／一般財団法人伯牙山保存会／公益財団法人芦刈山保存会／公益財団法人油天神山保存会／公益財団法人木賊山保存会／一般財団法人太子山保存会／公益財団法人白楽天山保存会／一般財団法人綾傘鉾保存会／蟷螂山保存会／四条傘鉾保存会／公益財団法人北観音山保存会／公益財団法人南観音山保存会／公益財団法人四条町大船鉾保存会／公益財団法人橋弁慶山保存会／公益財団法人鯉山保存会／公益財団法人浄妙山保存会／公益財団法人黒主山保存会／公益財団法人役行者山保存会／公益財団法人鈴鹿山維持会／公益財団法人八幡山保存会／公益財団法人鷹山保存会

三若神輿会

株式会社森本錺金具製作所／黒川藤造商店／藤井絞株式会社／
京のじゅばん＆町家の美術館 紫織庵／株式会社龍村美術織物／株式会社川島織物セルコン

吉田雅子／淺湫毅／小嵜善通／林駒夫

奥山恵介／城間里美／末川協

上記のほか関係各所、多数の方にご協力を賜りました。

とんぼの本

祇園祭——その魅力のすべて

◎取材・執筆
有限会社アリカ
（永野香・新家康規・藤本りお・岩朝奈々恵・山下崇徳）

◎撮影
橋本正樹

◎写真協力
三國賢一

◎ブックデザイン
中村香織

◎地図制作
尾黒ケンジ

◎シンボルマーク
nakaban

発行 2018年6月5日

編者 アリカ 新潮社
発行者 佐藤隆信
発行所 株式会社新潮社
住所 〒162-8711 東京都新宿区矢来町71
電話 編集部 03-3266-5611
読者係 03-3266-5111
ホームページ http://www.shinchosha.co.jp/tonbo/
印刷所 大日本印刷株式会社
製本所 加藤製本株式会社
カバー印刷所 錦明印刷株式会社

＊本書はすべて書き下ろしです。

ISBN978-4-10-602282-1 C0326